Straße und Umwelt

Schriftenreihe der Hochschule Speyer

Band 77

Straße und Umwelt

Vorträge und Diskussionsbeiträge
der verwaltungswissenschaftlichen Arbeitstagung 1978
des Forschungsinstituts für öffentliche Verwaltung
bei der Hochschule für Verwaltungswissenschaften Speyer
in Verbindung mit dem Arbeitsausschuß „Straßenrecht"
der Forschungsgesellschaft für das Straßenwesen e.V.

herausgegeben von

Prof. Dr. Willi Blümel

DUNCKER & HUMBLOT / BERLIN

Gedruckt 1979 bei Buchdruckerei A. Sayffaerth - E. L. Krohn, Berlin 61
Printed in Germany

ISBN 3 428 04442 8

Vorwort

Zu der verwaltungswissenschaftlichen Arbeitstagung „Straße und Umwelt“, die vom 16. bis 18. Oktober 1978 stattfand, waren rund 130 Teilnehmer nach Speyer gekommen. Der vorliegende Band enthält die Referate und Zusammenfassungen der Aussprachen dieser Tagung, die vom Forschungsinstitut für öffentliche Verwaltung bei der Hochschule für Verwaltungswissenschaften Speyer in Verbindung mit dem Arbeitsausschuß „Straßenrecht“ der Forschungsgesellschaft für das Straßenwesen e.V. veranstaltet wurde. Ausführliche Berichte über die Arbeitstagung erschienen in den Zeitschriften „Deutsches Verwaltungsblatt“ 1979, S. 36/39 (Forschungsreferent *Bodo Bahr*) und „Straße und Autobahn“ 1979, S. 27/29 (Regierungsdirektor *Helmut Krämer*).

Bei der Vorbereitung und Durchführung der Tagung sowie bei der Redaktion dieses Bandes hat mich mein Assistent, Herr Dr. *Michael Ronellenfitsch*, tatkräftig unterstützt. Ihm gilt mein besonderer Dank. Für ihre Hilfe danke ich ferner meiner Sekretärin, Frau *Erika Kögel*, sowie den Mitarbeitern des Tagungssekretariats der Hochschule für Verwaltungswissenschaften Speyer.

Willi Blümel

Inhalt

Begrüßungsansprache des Rektors
Professor Dr. Dr. Detlef Merten

Im Namen der Hochschule für Verwaltungswissenschaften und zugleich für das ihr angegliederte Forschungsinstitut für öffentliche Verwaltung heiße ich Sie zu der Verwaltungswissenschaftlichen Arbeitstagung 1978, die in Verbindung mit dem Arbeitsausschuß „Straßenrecht" der Forschungsgesellschaft für das Straßenwesen durchgeführt wird, herzlich willkommen. Obwohl die Hochschule für Verwaltungswissenschaften sicherlich zu den kleineren Institutionen im Kreise deutscher Universitäten und Hochschulen zählt, zeichnet sie sich seit jeher durch besondere Aktivität im Bereich der Fortbildung aus. In diesem Rahmen verdienen die Staatswissenschaftlichen Fortbildungstagungen, die jetzt jeweils im Frühjahr veranstaltet werden, und die Verwaltungswissenschaftlichen Arbeitstagungen im Herbst erhöhte Beachtung. Sie werden von hervorragenden Kennern ihres Fachs geleitet, gestaltet und besucht und zeichnen sich im allgemeinen durch die Aktualität ihrer Themen aus. So wurde auf der Frühjahrstagung 1978 über die „Vereinheitlichung der Verwaltungsgerichtsgesetze zu einer Verwaltungsprozeßordnung" beraten — wenige Wochen nach Veröffentlichung des „Entwurfs einer Verwaltungsprozeßordnung" durch den Koordinierungsausschuß. Für die Zeitgemäßheit der jetzigen Tagung spricht, daß sich die Vereinigung der Deutschen Staatsrechtslehrer auf ihrem nächsten Treffen im Herbst 1979 ebenfalls mit umweltrechtlichen Problemen beschäftigen wird.

Kaiser Wilhelm II. hat einmal bemerkt, die Welt am Ende des 19. Jahrhunderts stehe unter dem Zeichen des Verkehrs. Diese schlichte Feststellung gilt auch und erst recht für die heutige Zeit. Ein Industriestaat wie die Bundesrepublik Deutschland, der der Morgenthau-Plan glücklicherweise erspart blieb, muß mit dem Verkehr und mit den Belastungen der Straße leben. Und die Straße dient, wie der Berliner Polizeipräsident *von Jagow* sehr kurz und bündig formuliert hat, dem Verkehr, was nach einer Periode der Überbewertung der sogenannten Demonstrationsfreiheit wieder erkannt werden sollte. Das Spannungsverhältnis von Industrie und Umwelt ist nicht durch eine einseitige und allzu simplifizierende Betonung des Umweltschutzes zu lösen. Wer den blauen Himmel über der Ruhr beschwört, läuft Gefahr, ihn infolge extrem hoher Arbeitslosigkeit auch in anderen Gegenden zu erleben. In jüngster Zeit war nach Wahlerfolgen der sogenannten Grünen Listen wieder zu beobachten, wie einige Politiker sich in ihrer Existenzangst an die Umweltproblematik geklammert haben wie Ertrinkende an das Brett des Karneades.

Wenn Ihnen das Programm Zeit läßt, können Sie in Speyer praktische Erfahrungen für die Tagung gewinnen. Speyer verfügt — und ist damit in der einen oder anderen Weise vielleicht typisch für deutsche Kleinstädte — über eine Umgehungsstraße, die die Stadt in ihrer weiteren Entwicklung abschnürt, über einen Autobahnknotenpunkt, der das innerstädtische Verkehrsnetz nicht entlastet hat, und über enge Straßen, durch die sich der Schwerverkehr quälen muß. Die Stadt ist, jedenfalls was den Verkehr und die Umweltbeeinträchtigung angeht, sehr lebendig und insofern alles andere als eine Persepolis.

Die Referenten und Teilnehmer der Tagung garantieren ausgewogene und sachliche Beratungen. Sie werden den gordischen Knoten zwischen Straße und Umwelt nicht durchhauen und weder dem Götzen Verkehr opfern, noch eine paradiesische Umwelt zurückfordern. Insofern können die realitätsbezogenen Worte *Friedrich Hebbels* diese Tagung eröffnen: Willst Du menschlich mit Menschen in Städten der Menschen verkehren, stelle die Uhr nach dem Turm, nicht nach der Sonne, mein Freund.

Einführung durch den Leiter der Tagung

Professor Dr. Willi Blümel

Nach der freundlichen Begrüßung durch den Rektor der Hochschule Speyer erlaube ich mir als Leiter des Arbeitsausschusses „Straßenrecht“ der Forschungsgesellschaft für das Straßenwesen, Sie ebenfalls recht herzlich willkommen zu heißen. Aus unserer Einladung bzw. aus dem Programm haben Sie bereits entnommen, daß diese Verwaltungswissenschaftliche Arbeitstagung „Straße und Umwelt“ vom Forschungsinstitut für öffentliche Verwaltung bei der Hochschule in Verbindung mit dem Arbeitsausschuß „Straßenrecht“ veranstaltet wird. Es ist dies die zweite gemeinsame Veranstaltung, nachdem bereits im Frühjahr 1977 hier in Speyer ein Sonderseminar über „Aktuelle Probleme des Straßenrechts“ stattfand.

Im Hinblick auf den etwas intimeren Charakter unserer jährlichen Speyerer Herbsttagungen — sie sollen einen intensiven Gedankenaustausch gewährleisten —, haben wir unsere Einladungen nicht weit gestreut. Gleichwohl hat unser Programm trotz der Vielzahl dem Umweltschutz gewidmeter Tagungen und Kongresse eine überaus große Resonanz gefunden. Ich freue mich, daß sich zu unserer Tagung so kompetente Wissenschaftler und Praktiker aus Gesetzgebung und Verwaltung, Richter und Rechtsanwälte zusammengefunden haben, um höchst aktuelle Fragen des Straßenrechts und des Umweltschutzrechts zu diskutieren. Sie werden es mir sicher nachsehen, wenn ich nur einige Teilnehmer — gleichsam stellvertretend — namentlich nenne. Ich begrüße sehr herzlich Herrn Kollegen Professor Dr. *Schreckenberger*, den Chef der Staatskanzlei des Landes Rheinland-Pfalz und Vorsitzenden des Verwaltungsrats unserer Hochschule sowie des Institutsverwaltungsrats des Forschungsinstituts für öffentliche Verwaltung. Ich begrüße Herrn Bundestagsabgeordneten *Kolb*, Mitglied des Bundestagsausschusses für Raumordnung, Bauwesen und Städtebau, sowie Herrn *Hoffmann* als Mitarbeiter von Herrn Bundestagsabgeordneten *Hanz*, dem Berichterstatter der CDU/CSU-Fraktion für das Verkehrslärmschutzgesetz im Verkehrsausschuß. Herzlich willkommen heiße ich mehrere Mitglieder des Dritten Zivilsenats des Bundesgerichtshofs, an ihrer Spitze den Vorsitzenden des Senats, Herrn Professor Dr. *Nüßgens*, ferner den früheren Vorsitzenden dieses Senats, Herrn Kollegen Professor Dr. *Kreft*. Die Verwaltungsgerichtsbarkeit wird repräsentiert durch Vorsitzende Richter und Richter der meisten Oberverwaltungsgerichte bzw. Verwaltungsgerichtshöfe sowie einiger Verwaltungsgerichte der Länder, darunter den Vizepräsidenten des Verwaltungsgerichts Kassel. Ihnen allen gilt mein Gruß ebenso wie den an unserem Thema interessierten Rechtsanwälten. Ich begrüße neben Kollegen sowie Mitgliedern des Arbeitsausschusses „Straßenrecht" und anderer Arbeitsausschüsse der Forschungsgesellschaft für das Straßenwesen weitere Vertreter des Bundesverkehrsministeriums, des Bundesministeriums für Raumordnung, Bauwesen und Städtebau und des Bundesministeriums für Ernährung, Landwirtschaft und Forsten. Ich begrüße die zahlreich erschienenen Vertreter der obersten Straßenbaubehörden der Länder einschließlich der Straßenbaumittelbehörden, darunter den Präsidenten des Hessischen Landesamtes für Straßenbau. Vertreten ist auch der kommunale Bereich. Ich freue mich über die Teilnahme der zuständigen Herren der kommunalen Spitzenverbände — Deutscher Städtetag, Deutscher Städte- und Gemeindebund, Deutscher Landkreistag — sowie der Vertreter mehrerer Städte. Meine Grüße gelten schließlich den japanischen und koreanischen Kollegen, die nach dem von der Humboldt-Stiftung in Ludwigsburg veranstalteten Symposium über öffentliches Recht die Gelegenheit benutzen, sich hier in Speyer über unsere aktuellen Probleme zu informieren.

Über den Umweltschutz und die durch ihn ausgelösten Zielkonflikte, etwa — um nur einige zu nennen — zwischen Kernkraft und Umweltschutz, Schiene und Umweltschutz, Straße und Umweltschutz, reden inzwischen viele. Diese Zielkonflikte sind seit geraumer Zeit Gegenstand zahlreicher kaum noch zu überblickender nationaler und internationaler Tagungen und Kongresse. So diskutierten zum Beispiel am letzten Donnerstag auf einer Vortrags- und Diskussionsveranstaltung im Rahmen des von der Forschungsgesellschaft für das Straßenwesen veranstalteten Deutschen Straßenkongresses in Hamburg unsere Kollegen von den technischen Disziplinen genau unser Thema „Straße und Umwelt". Herr Kollege *Hoppe*, der Referent des heutigen Tages — der Rektor der Hochschule hat bereits darauf hingewiesen —, wird übers Jahr auf der nächsten Staatsrechtslehrertagung in Berlin über „Staatsaufgabe Umweltschutz" berichten. Ich selbst hielt am letzten Samstag auf der 40. Tagung des Arbeitskreises Eisenbahnrecht der Hauptverwaltung der Deutschen Bundesbahn in Berlin ein Referat über „Die Bedeutung des Verkehrslärmschutzgesetzes für die Deutsche Bundesbahn". Nichts hätte die Brisanz dieses Themas nachdrücklicher unterstreichen können als der im Aussetzungsverfahren nach § 80 Abs. 5 VwGO ergangene Beschluß des 7. Senats des Verwaltungsgerichtshofs Baden-Württemberg vom 6. September 1978 — Mitglieder des Senats sitzen unter uns —, durch den der Weiterbau der Bundesbahnschnelltrasse zwischen Mannheim und Stuttgart im Planfeststellungsbereich Schwetzingen auf Antrag Schwetzinger Bürger vorläufig gestoppt wurde.

Wenn das Forschungsinstitut und wir Straßenrechtler uns trotz der Vielzahl ähnlicher Veranstaltungen dazu entschlossen haben, die Verwaltungswissenschaftliche Arbeitstagung 1978 dem Thema „Straße und Umwelt" zu widmen, so hatten wir dazu nicht nur mehrfachen Anlaß, sondern wir verfolgten damit auch ein besonderes Ziel.

Was die besonderen Anlässe anbelangt, so möchte ich Sie darauf hinweisen, daß das Jahr 1978 für die Straßenrechtler und für das Straßenrecht ein Jubiläumsjahr ist. Mit dieser Tagung tritt der 1958 geschaffene Arbeitsausschuß „Straßenrecht" nach 20 Jahren Tätigkeit zum 20. Male zusammen. Wichtiger erscheint uns, daß sich im September 1978 — der genaue Tag ist ja bekanntlich bis heute umstritten — das Inkrafttreten des Bundesfernstraßengesetzes vom 6. August 1953 zum 25. Male jährte. Wir freuen uns, daß der Vater dieses Gesetzes und Altmeister des Straßenrechts, der Senior unseres Arbeitsausschusses, Herr *Marschall*, auch heute wieder unter uns weilt. Im vergangenen Jahr brachte er, nunmehr mit den Herren *Schroeter* und *Kastner*, die 4. Auflage seines längst unentbehrlichen Kommentars zum Bundesfernstraßengesetz auf den Weg. Auch unser Jubiläumsjahr 1978 ist reich an straßenrechtlichem Ertrag. Zu Beginn des Jahres erschienen die umfassenden, den Umweltschutz besonders berücksichtigenden Erläuterungen der straßenrechtlichen Planfeststellungsvorschriften aus der Feder von Herrn *Fickert*. Wenig später legte ein allseits bekannter Straßenrechtler, Herr *Kodal*, sein gewichtiges und ihnen allen bekanntes „Straßenrecht" — diesmal unter Mitarbeit von Herrn *Krämer* — in 3. Auflage vor. Diese drei Publikationen werden, dessen bin ich sicher, dem Straßenrecht neue Impulse geben. Ich freue mich sehr, daß bis auf Herrn *Kastner* alle genannten Herren an dieser Tagung teilnehmen. Herr *Kodal*, Herr *Schroeter* und Herr *Fickert* gehören ja ebenfalls dem Arbeitsausschuß „Straßenrecht" an. „Ein Vierteljahrhundert Straßengesetzgebung" ist, wie Sie aus dem in der Tagungsmappe befindlichen Prospekt entnehmen können, die Festschrift betitelt, die von Herrn *Bartlsperger*, Herrn *Schroeter* und von mir herausgegeben wird. An dieser im Druck befindlichen Festschrift wirken zahlreiche Autoren mit, von denen viele heute ebenfalls anwesend sind.

Hatten wir nach alledem genügend besondere Anlässe für eine größere verwaltungswissenschaftliche Arbeitstagung, so verfolgten wir mit ihr doch auch ein besonderes Ziel. In Abweichung von einigen der bereits genannten üblichen Veranstaltungen möchten wir auf dieser verwaltungswissenschaftlichen Arbeitstagung unter Ihrer sachkundigen Mitwirkung einige wenige Aspekte aus dem umfassenden Thema „Straße und Umwelt" vertieft erörtern. Wir haben daher Schwerpunkte gesetzt. Unser Arbeitsausschuß „Straßenrecht" hat sich mit dem Umweltschutz schon zu einer Zeit beschäftigt, als dieses Thema noch nicht Mode geworden war. Das kommt nicht von ungefähr. Wer die Entwicklung des Straßenrechts — und seines Vorbilds: des Eisenbahnrechts — kennt, weiß, daß die Auswirkungen des Eisenbahn- und des Straßenbaus auf die Umwelt stets im Zentrum der planerischen und rechtlichen Erwägungen stand. So wird die Planfeststellung etwa seit langem kurz und prägnant als Mittel zur öffentlich-rechtlichen Einordnung der Verkehrswegebauten in die Umwelt bezeichnet. Nach der klassischen Definition von *Gleim* aus dem Jahre 1893 bedeutet zum Beispiel die — damals eisenbahnrechtliche — Planfeststellung „die rechtswirksame Bestimmung über die Lage, die Gestaltung und die Beschaffenheit der Bahnanlage selbst in allen ihren Bestandteilen sowie über die Frage, inwieweit es zugunsten der durch die Eisenbahnunternehmung in Mitleidenschaft gezogenen öffentlichen und privaten Interessen der Herstellung besonderer Anlagen (Nebenanlagen) bedarf, wo und wie dieselben auszuführen sind". In der Sache hat sich also nicht viel geändert. Geändert haben sich allerdings die Dimensionen.

In dieser Hinsicht bereitet uns heute aus einsichtigen Gründen — und anders als damals — der Schutz vor dem Verkehrslärm die größten Probleme. Dieses brisante Thema, das den Deutschen Bundestag und die politischen Parteien in den nächsten Monaten ausgiebig und — wie ich fürchte — höchst kontrovers beschäftigen wird, bildet einen ersten Schwerpunkt unserer Tagung. Ich danke den Herren *Hoppe* und *Muthesius* für ihre Bereitschaft, ihre Gedanken hier vorzutragen. Herr Kollege *Hoppe* als einer der von den zuständigen Bundestagsausschüssen zum Hearing am 8. und 15. 11. 1978 geladenen Sachverständigen und Herr Dr. *Muthesius* vom Deutschen Städtetag werden, dessen bin ich sicher, uns heute und morgen fundierte Beiträge als Grundlage für unsere Diskussion liefern.

Der Schutz vor Verkehrslärm erschöpft sich jedoch nicht in der Suche nach den rechtlich gebotenen und finanziell verkraftbaren Immissionsgrenzwerten. Uns interessiert nicht nur und nicht in erster Linie die Standardfrage: „Wie teuer sind 5 dB(A) Immissionsgrenzwerte weniger?" Stichworte wie „Zumauern von Straßen" deuten schon an, daß wir nicht nur über aktiven und passiven Schallschutz diskutieren können, sondern daß neben der Reduzierung des Lärms an der Quelle auch den flankierenden Maßnahmen — Stichwort: „Verkehrsberuhigung" — Beachtung zu schenken ist. Herr Kollege *Steiner,* ein besonderer Kenner gerade dieser Materie, wird daher unser Augenmerk auf die Rechtsfragen der innerstädtischen Verkehrsführung lenken.

Umweltschutz ist indessen nicht gleich Immissionsschutz. Auch wenn das Verkehrslärmschutzgesetz im Augenblick die Gemüter besonders bewegt, sollten wir nicht aus den Augen verlieren, daß der Straßenbau gegenwärtig noch an andere Grenzen stößt. Aktuelle Stichworte wie „Wohlstandsgesellschaft zwischen Landschaftsverbrauch und Landschaftspflege" oder zum Beispiel — planungsbezogen — „Schwarzwaldautobahn" — deuten an, daß der Natur- und Landschaftspflege heute offenbar, man schaue nur auf die neueste Bundes- und Landesgesetzgebung, ein anderer Stellenwert als früher beigemessen wird. Wir freuen uns, daß sich Herr Ministerialdirigent Dr. *Engelhardt* dieses schwierigen, die Straßenbauer in zunehmendem Maße irritierenden und demnächst wohl auch die Verwaltungsgerichte beschäftigenden Themas annehmen wird. Wer als Jurist einmal in diesen Rechtskomplex eingedrungen ist, weiß, daß viele, nach meiner Auffassung allzu viele Fragen der Klärung bedürfen. Da dieses Thema schon umfangreich genug ist, haben wir davon abgesehen, auch andere Bereiche — Bundeswaldgesetz und Landeswaldgesetze, Wasserhaushaltsgesetz und Landeswassergesetze — auf dieser Tagung zu behandeln.

Und schließlich: Sie alle wissen, daß das Bundesverwaltungsgericht das Thema „Straße und Umwelt" noch nicht in den Griff bekommen hat. Allein schon die unterschiedlichen Auffassungen dieses Gerichts und einiger Oberverwaltungsgerichte bzw. Verwaltungsgerichtshöfe über die richtige Klageart zeigen, daß hier von einer gefestigten Rechtsprechung nicht die Rede sein kann. Planfeststellungsbehörden und Verwaltungsgerichte wissen heute nicht, woran sie sind. Unter diesen Umständen freut es mich besonders, daß Herr Dr. *Bickel*, Präsident des Oberverwaltungsgerichts und Vorsitzender des Verwaltungsgerichtshofs Rheinland-Pfalz, am Schluß unserer Tagung über „Straßenplanung, Umweltbelastung und verwaltungsgerichtlicher Rechtsschutz" auf dem Hintergrund einer Vielzahl aktueller Planfeststellungsverfahren referieren wird.

Das Verkehrslärmschutzgesetz als Beitrag zur Lösung des Konflikts zwischen Straße und Umwelt*

Von Werner Hoppe

Der „Entwurf eines Gesetzes zum Schutz gegen Verkehrslärm an Straßen und Schienenwegen — Verkehrslärmschutzgesetz — (VLärmSchG)" (VLärmSchGE) (BT-Drucks. 8/1671) hat das Ziel, unter Streichung der §§ 41 - 43 des Bundesimmissionsschutzgesetzes die Unsicherheiten zu beseitigen, die über die für den Lärmschutz an Straßen und Schienenwegen anzulegenden Maßstäbe bestehen. Es heißt in der Begründung des Gesetzentwurfs der Bundesregierung vom 23. 3. 1978:

„Es fehlen gesetzlich festgelegte Immissionsgrenzwerte. Dies hat zu rechtlichen und praktischen Schwierigkeiten bei der Planung und bei dem Bau von Verkehrswegen geführt. Es ist geboten, die bestehende Rechtsunsicherheit zu beseitigen und durch Schaffung klarer Rechtsgrundlagen den planenden Verwaltungen von Bund, Ländern und Gemeinden deutlich zu machen, in welchen Fällen Lärmschutz notwendig ist, und den Bürgern, wann sie Lärmschutz fordern können. Bei der Festsetzung der Immissionsgrenzwerte gilt es, einen Ausgleich zwischen den Anforderungen des Lärmschutzes und den finanziellen Möglichkeiten — insbesondere der Kommunen — zu finden. Diese Entscheidung soll wegen ihrer Tragweite durch den Gesetzgeber selbst getroffen werden."

Ich gehe bei der Darstellung von der Fassung des Entwurfs nach der Gegenäußerung der Bundesregierung zur Stellungnahme des Bundesrates aus.

§ 1 Abs. 1 enthält — unbeschadet des Planungsgrundsatzes des § 50 BImSchG — das Gebot an den Träger der Baulast, bei dem Bau oder der wesentlichen Änderung von Straßen und Schienenwegen sicherzustellen, daß zum Schutze der zulässigen baulichen Nutzung benachbarter Grundstücke der durch den Verkehr verursachte Lärm die in § 1 Abs. 2 festgelegten Immissionsgrenzwerte nicht überschreitet. Diese sind nach Gebietsarten unterschiedlich bestimmt.

---

* Dem Vortrag liegt meine Stellungnahme im Rahmen der Befragung von Sachverständigen zu dem Entwurf eines Verkehrslärmschutzgesetzes (VLärmSchGE) (Drucksache 8/1671) aufgrund des Beschlusses des Ausschusses für Verkehr und für das Post- und Fernmeldewesen (1978) (hektogr. 132 S.) zugrunde. — §§ ohne nähere Angabe sind solche des Entwurfs eines Verkehrslärmschutzgesetzes.

Die „wesentliche Änderung" wird in § 1 Abs. 3 durch eine Kombination von baulichem Eingriff und dadurch bewirkter Erhöhung des Mittelungspegels um mindestens 3 Dezibel (A) oder auf mehr als 75/65 Dezibel (A) (Tag/Nachtwerte) definiert.

Abs. 4 und 5 regeln Fälle, in denen die IGW nicht eingehalten zu werden brauchen, und zwar wegen der von der Grundstücksnutzung selbst ausgehenden Geräuschvorbelastung einerseits und der planerischen Vorbelastung andererseits.

Nach § 2 Abs. 1 können Lärmschutzmaßnahmen unterbleiben, sofern Schutzmaßnahmen nach § 1 „technisch nicht durchführbar", „aus anderen Gründen untunlich", „mit anderen öffentlichen Belangen unvereinbar" sind oder wenn „ihre Kosten außer Verhältnis" zu dem angestrebten Schutzzweck stehen. In diesem Fall hat der Eigentümer der betroffenen Anlage gegen den Träger der Baulast einen Anspruch auf Ausgleich in Geld für erbrachte notwendige Aufwendungen für passiven Schallschutz.

§ 3 regelt das Zusammentreffen mehrerer Vorhaben; § 4 das Verhältnis von Fachplanungsrecht und Verkehrslärmschutzgesetz.

Nach § 6 schließlich soll Lärmschutz an bestehenden Bundesfernstraßen in der Baulast des Bundes vorgesehen werden, wenn 75 dB (A) am Tage und 65 dB (A) in der Nacht überschritten werden. Das soll geschehen nach Dringlichkeit und nach Maßgabe der jeweils im Haushalt bereitgestellten Mittel und innerhalb der nächsten 15 Jahre.

Der Gesetzentwurf wird in der Öffentlichkeit fast ausschließlich im Hinblick auf die Höhe der Grenzwerte und im Hinblick auf die mit der gesetzlichen Regelung verbundenen Ausgaben erörtert. Diese Fragen sind wichtig, sie stehen aber nicht im Mittelpunkt meiner Ausführungen. Ich wollte vielmehr fragen, ob der Gesetzentwurf in der vorliegenden Form einen Beitrag zur Lösung des Konflikts zwischen Straße und Umwelt leisten kann.

I. Ausgangspunkte

Die Festlegung von Zumutbarkeitsgrenzen durch IGW wird als eine „zu einem wesentlichen Teil politische Entscheidung" (BVerwG v. 21. 5. 1976 — IV C 80.74 — DVBl. 1976, 779 ff., 783) gekennzeichnet, bei der die Regelung des Zielkonflikts zwischen erhöhtem Lärmschutz, den Anforderungen an den Bau von Straßen und Schienenwegen und der finanziellen Belastbarkeit der öffentlichen Haushalte dem Gesetzgeber allein als Grundsatzentscheidung zukomme. *Korbmacher* hat diese Entscheidung als „eine der geradezu fundamentalen Grundentscheidungen des Immissionsschutzrechts" bezeichnet (Korbmacher, DÖV 1976, 1 ff., 6).

Das BVerwG hat in seiner jüngsten Entscheidung zu Lärmschutzfragen (§ 9 Abs. 2 LuftVG) vom 7. Juli 1978 — 4 C 79.76 — nochmals ausdrücklich erklärt: „Solange der Gesetzgeber in der Kollision zwischen Immissionsschutz und anderen öffentlichen Interessen nicht die gerade ihm obliegende — politische — Entscheidung über das Maß des Zumutbaren trifft, werden die Gerichte die Frage als außerrechtliche Fachfrage im Wege der Sachverhaltsermittlung — in aller Regel durch Sachverständige — klären müssen."

Es ist zu fragen, ob diese Grundsatzentscheidung, die nach § 1 Abs. 2 VLärmSchGE in begrüßenswerter Weise dem Gesetzgeber überantwortet worden ist, immer durchgehalten, oder ob nicht wiederum — so vor allem im Rahmen der Ausgleichsregelung nach § 2 VLärmSchGE — diese Grundsatzentscheidung unterlaufen wird.

So wie sich der Entwurf darstellt, ist der Lärmschutz an Straßen und Schienenwegen für Eisenbahnen in einen planungsrechtlichen Normzusammenhang gestellt, vom Ansatz her ist vor allem die Grundnorm des § 1 VLärmSchGE — ebenso wie § 41 BImSchG — als planungsrechtliche Norm konzipiert. Eines der Zentralprobleme derart strukturierten Rechts ist die Grenzziehung zwischen den hinreichend exakt zu bestimmenden gesetzgeberischen Vorgaben für die planerische Abwägung und Prognosetätigkeit der Exekutive einerseits und der mit der Planung verbundenen Gestaltungsfreiheit und des prognostischen Beurteilungsspielraums andererseits.

Möglichst eindeutige Aussagen zur Gesetzesstruktur, d. h. zu der Frage, ob — beispielsweise in § 1 VLärmSchGE — ein (externer) Planungsleitsatz geregelt oder dem Bürger ein Anspruch auf Lärmschutzauflagen eingeräumt werden soll, ob es sich in § 2 VLärmSchGE um die Erstattung von Aufwendungen für vorbeugende Lärmschutzmaßnahmen im Rahmen der Planung von öffentlichen Verkehrswegen handelt oder um die Regelung eines Anspruchs, der möglicherweise enteignungsrechtlich zu qualifizieren wäre oder von der Rechtsprechung qualifiziert würde, sind vonnöten.

Als eines der Beurteilungskriterien ist deswegen anzusehen, ob das dem Gesetz zugrundeliegende Konzept und seine Struktur so deutlich in der Formulierung der Vorschriften im Entwurf zutage tritt, daß sich nicht aus einer vermeintlichen Gesetzgebungsintention und nicht hinreichend verdeutlichten gesetzessystematischen Zusammenhängen und aus einer Verwendung mehrdeutiger Termini Weiterungen ergeben, die über den Regelungsgegenstand hinausgreifen und zu unerwünschten Festlegungen führen.

Von der Exekutive wird vor allem im Interesse des praktischen Vollzugs auf eine gegenüber der jetzigen Rechtslage größere Klarheit und höhere Rechtssicherheit gedrungen. Sie verlangt eindeutige, aber auch die Rechtsprechung bindende Vorgaben. Dieses Kriterium erscheint um so dringlicher, als die Klage über die Rechtsunsicherheit in den geltenden §§ 41 ff. BImSchG ganz allgemein ist.

II. Zur Struktur des VLärmSchGE

Um einer — vom Gesetzgeber nicht beabsichtigten — interpretatorischen Verarbeitung von angeblich in dem Lärmschutzgesetz zum Ausdruck kommenden Wertungen der Rechtsgemeinschaft entgegenzuwirken, bei der weniger das Gesetz selbst, als vielmehr die diesem Gesetz zugrundeliegende grundsätzliche Bewertung berücksichtigt wird (s. Kloepfer, JuS 1976, 438, 439), erscheint es angezeigt, die Grundprinzipien und Wertungen des Gesetzgebers und des Gesetzes möglichst offenzulegen und zu verdeutlichen. Dem normabgelösten Ansatzpunkt des BGH, Wertungen aus dem BImSchG zu entnehmen, der methodisch nicht anfechtbar ist, kann nur durch exaktere Darlegungen der mit dem Gesetz verbundenen Wertungen — und sei es in der Begründung — entsprochen werden. Wenn der BGH etwa in der Entscheidung vom 20. 3. 1975 anführt, das Anliegen des BImSchG gehe „über das hinaus, was der Eigentumsschutz nach Art. 14 GG fordert" (BGH, Urteil v. 20. 3. 1975 — III ZR 215/71; BGHZ 64, 220 ff., 227), so muß — ist dies der gesetzgeberische Wille — deutlich gemacht werden, ob und wo dieser „Spielraum" (BGH, a.a.O.) in Anspruch genommen werden soll oder nicht. Dazu erscheinen positive Festlegungen wie auch negative Abgrenzungen angezeigt. Denkbar ist auch eine eigene Zweckbestimmung, die das Gesetzeswerk einleitet. Dabei erscheint es sinnvoll, zu verdeutlichen, daß es im Bereich der §§ 1 - 4 VLärmSchGE um planerische Schallschutzvorsorge durch investive Maßnahmen und bei § 6 VLärmSchGE um Sanierung von Altstraßen im Hinblick auf Lärmschutz geht, also die Bereinigung von bestehenden Konflikten. Die §§ 41, 42 BImSchG leiden in ihrer Auslegung darunter, daß der beabsichtigte vorbeugende oder vorsorgende Charakter, der ihnen auch bei passiven Schallschutzmaßnahmen zukommen sollte, nicht deutlich genug zum Ausdruck kommt. Dieser aus dem BImSchG stammende Gedanke der Vorsorge ist auch für die unterschiedliche Behandlung von Neustraßen und Altstraßen ein vom Zweck her bestimmter Differenzierungsgrund. Der Gedanke der vorbeugenden Lärmschutzmaßnahme käme stärker zum Ausdruck, wenn es bereits in § 1 VLärmSchG hieße, daß der dort vorgesehene Schutz „vorbeugend" sicherzustellen sei, sei es durch Maßnahmen nach § 1 VLärmSchG, sei es durch Maßnahmen nach § 2 VLärmSchG.

Auch die Maßnahmen bei Änderung der Straße werden noch vom Vorbeugegedanken erfaßt. Der Verkehrslärm ist ursprünglich nicht vorhanden, sondern wird durch die Änderung hervorgerufen und soll vorsorglich verhindert werden.

Nicht minder wichtig sind negative Abgrenzungen. Dabei muß im Vordergrund der Verdeutlichung der Entscheidung stehen, ob die Regelungen des VLärmSchG enteignungsrechtliche Aussagen treffen wollen oder nicht. Es muß deutlich gemacht werden, ob die dem Differenzierungsgebot des BVerwG folgenden, nach Maßgabe des § 1 Abs. 2 VLärmSchGE unterschiedlich festgelegten IGW zugleich Entschädigungswerte sein sollen oder nicht. Ob diese Abschichtung auch bei dem Mittelungspegel von 75 dB (A)/65 dB (A), der in § 1 Abs. 3 VLärmSchGE den Begriff der wesentlichen Änderung mitbestimmt und in § 6 VLärmSchGE die Schwelle für die Sanierung darstellt, gelingt, erscheint zweifelhaft, nicht zuletzt, weil die Begründung zum VLärmSchGE betont: „In diesem Bereich liegt auch die Grenze für die Zumutbarkeit von Verkehrslärm."

Der Begriff der schädlichen Umwelteinwirkungen hat sich für die Regelung des Lärmschutzes an Straßen und Schienenwegen als nicht brauchbar erwiesen. Der Entwurf hat die Begriffe, die in einer gewerberechtlichen Tradition stehen, mit der Abstellung auf die IGW hiervon gelöst, während der Entwurf der Schallschutz-VO noch den Schutz der Nachbarschaft vor schädlichen Umwelteinwirkungen regelte. Diese Ablösung ist zu begrüßen. *Korbmacher* hatte bereits früher hervorgehoben, die Übertragung dieser in einer gewerberechtlichen Tradition stehenden Begriffe in die Verkehrsregelung des § 41 BImSchG erscheine bei der unterschiedlichen Interessenlage, in der hier und dort ein Ausgleich zu finden sei, nicht sachdienlich. Er bezeichnete dies als eine zentrale Schwäche des BImSchG. Die gewerberechtlichen Begriffe seien auf die Zumutbarkeit von solchen Belästigungen ausgerichtet, die etwa von — mehr oder weniger — privatnützigen Anlagen i. S. d. § 5 BImSchG hervorgerufen würden. Bei Verkehrslärm an Straßen ständen sich im Rahmen des den öffentlichen Haushalten Möglichen die Ziele des Umweltschutzes und des Verkehrswegebaus einander gegenüber.

Die einzelnen Tatbestände müssen im Interesse der Klarheit des VLärmSchG deutlich strukturiert sein. Dabei kommt es zunächst darauf an, die Regelungen innerhalb des VLärmSchG auch insoweit hinreichend klar zu fassen, dann aber auch ihr Verhältnis zu anderen Gesetzen eindeutig zu bestimmen.

Diese Unterscheidungen können dreifach angesetzt werden. Es sind voneinander abzuheben:

— Normen mit generellen Planungszielen und konkreten Planungsleitlinien,

— Normen, die Ansprüche regeln,

— Normen, die lediglich ein Handlungsprogramm oder eine Absichtserklärung aufstellen.

Es ist zunächst zu fragen, ob der VLärmSchGE Normen enthält, die sich im Hinblick auf die Fachplanung von Straßen und Schienenwegen als externe Planungsleitlinien charakterisieren lassen. Das ist deswegen wichtig, weil die daran gebundenen Rechtsfolgen einer sachgerechten Abwägung und die aus der Charakterisierung folgenden Rechtsansprüche andere sind, als bei rechtlich geregelten Rechtsansprüchen auf die Maßnahmen selbst.

Soweit die Zusammenhänge mit anderen Gesetzen zu regeln sind, ist eine Klarheit unbedingt zu schaffen im Hinblick auf

— das Verhältnis zum Fachplanungsrecht

— das Verhältnis zum Gesamtplanungsrecht

— das Verhältnis zu anderen, eventuell weitergehenden Ansprüchen, seien es solche des Fachplanungsrechts, seien es solche des — vom VLärmSchG eventuell beeinflußten — Enteigungsrechts

III. Vorbemerkungen zu § 1 VLärmSchGE

Eine Reihe von Problemen des VLärmSchGE hängt sehr eng mit der rechtlichen Charakterisierung des § 1 VLärmSchGE zusammen, vor allem mit der Frage, inwieweit § 1 VLärmSchG als Planungsnorm konzipiert ist.

Es erscheint angezeigt, § 1 VLärmSchGE und § 2 Abs. 1 Satz 1 VLärmSchGE zusammen zu betrachten, denn § 2 VLärmSchGE hat nicht nur die Funktion, den Ausgleich für unterbliebenen Lärmschutz nach § 1 VLärmSchGE zu regeln; § 2 Abs. 1 Satz 1 VLärmSchGE normiert zugleich auch die Bedingungen, unter denen der Lärmschutz nach § 1 VLärmSchGE unterbleiben kann. Insbesondere durch die Neufassung des § 2 Abs. 1 Satz 1 VLärmSchGE, wonach — auf Vorschlag des Bundesrates — aktive Lärmschutzmaßnahmen auch unterbleiben können, wenn sie „aus anderen Gründen untunlich“ oder „mit anderen öffentlichen Belangen unvereinbar“ sind, ist dies geboten. Mit dieser Formulierung werden nämlich nicht mehr nur negative — in unbestimmten Gesetzesbegriffen gefaßte — Tatbestandsmerkmale (technische Undurchführbarkeit, Unverhältnismäßigkeit von Kosten und Schutzzweck) für die Nichtanwendung des § 1 VLärmSchG geregelt, sondern für die Entscheidung, ob aktiver Lärmschutz gewährt wird oder nicht, wird ein umfassender Abwägungsvorgang angeordnet. Dabei werden also nicht mehr nur subsumtionsfähige konditional strukturierte Rechtsfolgevoraussetzungen wie „technisch durchführbar“ und „verhältnismäßig“ geregelt, sondern die Möglichkeit eingeräumt, „andere Gründe“

und „öffentliche Belange" mit dem aktiven Lärmschutz und dessen Notwendigkeit zu konfrontieren, um nach Maßgabe der sehr offenen Maßstäbe der „Untunlichkeit" und „Unvereinbarkeit" zu entscheiden, ob dieser oder der aktive Lärmschutz den Vorrang genießen. Offen sind diese Klauseln, weil weder die in die Abwägung einzustellenden Belange näher spezifiziert, noch deren Gewichtung angegeben ist. Das gilt vor allem für die Klausel „aus anderen Gründen untunlich".

Diese mit der Neufassung verbundene Folgewirkung der Abwägungsanordnung ist beabsichtigt, wie sich aus der Begründung des Bundesrates, die sich die Bundesregierung mit der Übernahme des Formulierungsvorschlags zu eigen gemacht hat, ergibt: „Im Gegensatz zum Gesetzentwurf werden die Fälle des Unterbleibens von aktiven Lärmschutzmaßnahmen unter Berücksichtigung des Abwägungsgebotes umfassend geregelt" (BT-Drucks. 8/1671, S. 26). Gerade durch die Neufassung des § 2 Abs. 1 Satz 1 VLärmSchGE ist die für die Entscheidung nach § 1 VLärmSchGE maßgebliche Struktur sehr deutlich geworden. Es ist zu fragen, ob diese Rechtsnorm als externer Planungsleitsatz angesehen werden kann, ihr also eine Charakterisierung zukommt, mit der § 41 BImSchG nach überwiegender Meinung bedacht worden ist.

Die Regelung in § 1 VLärmSchG, Lärmschutz durch geeignete Maßnahmen sicherzustellen, ist eine spezifische Ausprägung des planerischen Abwägungsgebots. Daran ändert sich nichts durch die Pflicht, dieses Gebot auch im Bebauungsplanverfahren und bei der Planaufstellung zu beachten. Die Charakterisierung als Verhaltensnorm schließt das nicht aus. Ein Planungsleitsatz ist eine Verhaltensnorm. Ob aus der Ermächtigung ein subjektiv-öffentliches Recht abzuleiten ist, ist eine andere Frage.

Diese Regelung eines Planungsleitsatzes besagt nicht mehr, als daß bei dem Bau und der wesentlichen Änderung der Verkehrswege durch die in § 1 VLärmSchG angesprochenen Maßnahmen im Hinblick auf das Ziel, unter Bewältigung der mit dem Bau und der wesentlichen Veränderung von Verkehrswegen aufgeworfenen Probleme eine inhaltlich abgewogene Lösung anzustreben ist dadurch, daß nach Maßgabe der §§ 1, 2 Abs. 1 Satz 1 VLärmSchGE geeignete Lärmschutzmaßnahmen sichergestellt werden. Fehlt es an einer auf Lärmschutzmaßnahmen nach Maßgabe der §§ 1, 2 Abs. 1 Satz 1 VLärmSchGE abzielenden Abwägung oder ist sie fehlerhaft, so bleibt ein vom Bau und der Veränderung von Verkehrswegen ausgelöster Interessenkonflikt offen. Das macht die Planung oder Teile der Planung insoweit objektiv-rechtswidrig.

Die Regelung der §§ 1, 2 Abs. 1 Satz 1 VLärmSchGE stellt also einen Leitsatz für die Bewältigung von Konfliktlagen dar.

Der Rang, den *Korbmacher* — im Hinblick auf § 41 BImSchG — als strikt bezeichnet hat, ist auf der höchsten Stufe angesiedelt, die Anordnung ist in der Tat zwingend. Die Einhaltung ist nur nach Maßgabe des § 1 Abs. 4 VLärmSchGE oder nur aufgrund einer spezifischen Abwägung nach § 2 Abs. 1 Satz 1 VLärmSchGE suspendiert. Das bedeutet, daß in § 1 VLärmSchG ein Teil des übergreifenden Abwägungsvorgangs der Planung geregelt ist und daß über die Einhaltung des — an sich strikten — Leitsatzes durch eine Abwägung nach Maßgabe des § 2 Abs. 1 Satz 1 VLärmSchGE zu entscheiden ist.

Die Zusammenhänge zwischen dem strikten Leitsatz des § 1 und der in § 2 Abs. 1 Satz 1 VLärmSchG angeordneten Abwägung lassen es angezeigt erscheinen, diese Abwägung in den § 1 einzubeziehen, damit die Gesamtzusammenhänge deutlicher werden.

Die Rechtsfolge eines Erstattungsanspruchs kann sodann in § 2 VLärmSchGE geregelt werden, wobei als Tatbestandsvoraussetzung daran angeknüpft werden kann, daß dieser Anspruch entsteht, wenn der Leitsatz des § 1 Abs. 1/Abs. 2 infolge der in § 1 angeordneten Abwägung nicht zur Anwendung gelangt, also aktive Schutzmaßnahmen unterbleiben können.

Damit dürfte feststehen, daß §§ 1, 2 Abs. 1 Satz 1 VLärmSchGE einen externen Leitsatz darstellen. Ob er auch subjektiv-öffentliche Rechte auf die Maßnahme regelt, ergibt sich erst aus einer näheren Analyse der Zusammenhänge mit sonstigen Planungsnormen, die das VLärmSchG ergänzt.

Die Regelung der §§ 1, 2 Abs. 1 Satz 1 VLärmSchG ist Teil der Abwägung, die bei dem Bau von Verkehrswegen im Fachplanungsrecht und durch Bauleitpläne nach dem BBauG vorzunehmen ist.

Im BBauG ist eine umfassende Abwägung nach § 1 Abs. 7 BBauG angeordnet. Das BVerwG hat dieses umfassende Abwägungsgebot auf die Fachplanung ausgedehnt, da es sich — unabhängig von einer gesetzlichen Positivierung — aus dem Wesen der rechtsstaatlichen Planung ergebe. In dieser Abwägung — sei es im Fachplanungsrecht, sei es im Gesamtplanungsrecht des BBauG — findet der Abwägungsvorgang der §§ 1, 2 Abs. 1 Satz 1 VLärmSchG seinen Platz.

Die Rechtsfolge einer Nichtbeachtung der §§ 1, 2 Abs. 1 Satz 1 VLärmSchG, d. h. ein rechtswidriges Unterbleiben der Sicherstellung geeigneter Maßnahmen, kann zwei Ausprägungen haben. Es kann die Rechtmäßigkeit der Planung — sei es eine Fachplanung, sei es eine Gesamtplanung aufgrund des BBauG — beeinflussen; die Nichtbeachtung kann aber auch Ansprüche auslösen. Diese beiden Aspekte sind zu trennen.

Eine Nichtbeachtung eines (externen) Planungsleitsatzes und mithin ein rechtswidriges Unterlassen der Sicherstellung von Lärmschutz nach § 1 VLärmSchG macht die Planung objektiv rechtswidrig.

Ob sich ein Anspruch auf eine sachgerechte Abwägung nach §§ 1, 2 Abs. 1 Satz 1 VLärmSchG begründen läßt, ist im Fachplanungsrecht einerseits und im Gesamtplanungsrecht nach dem BBauG andererseits unterschiedlich zu behandeln.

Eine Verletzung der §§ 1, 2 Abs. 1 Satz 1 VLärmSchG, mithin die Verletzung eines Planungsleitsatzes, führt

— im Fachplanungsrecht, da hier ein Anspruch auf Abwägung besteht, zur Rechtswidrigkeit der Planung und Aufhebung oder Teilaufhebung des Planfeststellungsbeschlusses aufgrund einer Anfechtung (Anfechtungsklage), sofern die Ausgewogenheit der Gesamtplanung bzw. eines abtrennbaren Teils in Frage gestellt ist, sonst zu einem Anspruch auf Planergänzung (BVerwG v. 29. 7. 1977 — IV C 51.75 — BRS 32 Nr. 17, 37 ff., 40 f.; BVerwG v. 7. 7. 1978 — 4 C 79.76 — Amtlicher Umdruck S.48);

— im Gesamtplanungsrecht zur Nichtigkeit oder Teilnichtigkeit des Plans, die mit der Normenkontrollklage des § 47 VwGO oder bei einer Inzidentprüfung geltend zu machen ist.

Meines Erachtens wird mit der Formulierung der §§ 1, 2 Abs. 1 Satz 1 VLärmSchGE ein selbständiger und unmittelbar aus diesen Rechtsnormen ableitbarer Anspruch auf Schutzauflagen nicht eingeräumt. Er kann sich allenfalls ergeben, wenn man diese Vorschriften als Planungsleitsatz des Fachplanungsrechts charakterisiert und mit der Rechtsprechung des BVerwG aus der Verletzung dieses Planungsleitsatzes einen Anspruch auf Planergänzung resultieren sieht, sofern nicht die Ausgewogenheit der Gesamtplanung bzw. eines abtrennbaren Teils in Frage gestellt ist. Es ergibt sich auch nicht daraus, daß § 2 Abs. 1 Satz 2 VLärmSchGE einen Anspruch auf Ausgleich in Geld für erbrachte notwendige Aufwendungen bei passivem Lärmschutz einräumt, sofern aktiver Schallschutz nach § 2 Abs. 1 Satz 1 VLärmSchGE unterbleibt.

Die Situation sieht bei der Aufstellung von Bebauungsplänen und bei der Planung von Verkehrswegen in Bebauungsplänen anders aus. Fehlen aufgrund einer nicht ordnungsgemäßen, vielmehr rechtswidrigen Abwägung Festsetzungen im Bebauungsplan, die bei sachgerechter Abwägung im Interesse des Lärmschutzes in den Bebauungsplan hätten aufgenommen werden müssen, so verursacht dieser Mangel eine objektive Rechtswidrigkeit des Bebauungsplans, der zu seiner Nichtigkeit oder Teilnichtigkeit führt. Ein Anspruch auf Aufstellung, Änderung, Ergänzung oder Aufhebung von Bauleitplänen besteht hingegen nach

§ 2 Abs. 7 BBauG nicht. Diese Vorschrift schließt vielmehr einen Anspruch auf Bauleitplanung ausdrücklich aus.

Ergibt sich ein Anspruch auf Planergänzung bei Verletzung des Planungsleitsatzes der §§ 1 Abs. 1, 2 Abs. 2 Satz 1 VLärmSchG aus dem Verkehrslärmschutzgesetz und werden die materiell-rechtlichen Voraussetzungen für Lärmschutzmaßnahmen zugleich im Fachplanungsrecht geregelt, so fragt sich, in welchem Verhältnis diese Normenkomplexe zueinander stehen.

Das Verhältnis von § 41 BImSchG zu § 17 Abs. 4 FStrG ist immer außerordentlich umstritten gewesen. Nun wird in § 4 Abs. 1 Satz 2 VLärmSchGE geregelt, die in den §§ 1 und 2 VLärmSchG getroffene Regelung für den Lärmschutz ginge den im Einzelfall für die Planfeststellung geltenden Vorschriften über den Schutz für benachbarte Grundstücke vor. Nach der Begründung sollen die §§ 1 und 2 damit als leges speciales charakterisiert sein (BT-Drucks. 8/1671, S. 21).

Ein Konkurrenzverhältnis im Sinne einer Spezialität besteht hingegen zwischen §§ 1 und 2 VLärmSchG und § 17 Abs. 4 FStrG nicht, denn weder enthält der Tatbestand der spezielleren Norm — §§ 1, 2 VLärmSchG — alle Merkmale der allgemeinen Norm — § 17 Abs. 4 FStrG — und darüber hinaus noch zusätzlich ein weiteres Merkmal oder einige weitere Merkmale, noch ergänzen, modifizieren oder ersetzen die Rechtsfolgen der §§ 1, 2 VLärmSchG für ihren Anwendungsbereich die der allgemeineren Norm des § 17 Abs. 4 FStrG. Das kann auch nicht durch die Regelung, wie sie jetzt in § 4 Satz 2 VLärmSchGE vorgesehen ist, geregelt werden.

Die Normen überschneiden sich vielmehr, wie *Korbmacher* in bezug auf § 41 BImSchG überzeugend nachgewiesen hat. Insoweit gilt die Analyse auch für §§ 1, 2 VLärmSchGE. Das Verhältnis ist durch die Formulierung des § 4 VLärmSchGE, §§ 1, 2 VLärmSchG gehe den Fachplanungsgesetzen vor, nicht regelbar, weil nicht klar ist, inwieweit §§ 1, 2 VLärmSchG z. B. den § 17 Abs. 4 FStrG verdrängt oder ersetzt.

In § 4 VLärmSchG sollte deswegen eine Rechtsfolgenvoraussetzungsverweisung etwa folgender Art aufgenommen werden: Enthalten die im Einzelfall für die Planfeststellung geltenden Vorschriften Regelungen über Auflagen zum Schutz von Nachbargrundstücken, so sind die materiell-rechtlichen Voraussetzungen für Auflagen zum Schutz gegen Verkehrslärm an Straßen und Schienenwegen abschließend in diesem Gesetz geregelt. Das bedeutet aber, daß das Schutzgut nach § 1 VLärmSchG und die Gründe für das Unterbleiben von Schutzauflagen ebenfalls im VLärmSchG geregelt sind. Das ist aber wohl das, was die h. M. bereits in § 17 Abs. 4 Satz 3 FStrG geregelt sieht und was sie in § 4 Satz 2 VLärmSchGE für zum Ausdruck gebracht hält.

Im Hinblick auf das BBauG und die Planung aufgrund des BBauG hingegen erscheint eine solche Regelung nicht notwendig: Der planerische Leitsatz der §§ 1, 2 Abs. 1 Satz 1 VLärmSchG wirkt sich bei der Planung über das Abwägungsgebot des § 1 Abs. 7 BBauG unmittelbar ohne gesonderte gesetzliche Anordnung aus. Der Leitsatz hat auch nicht die Funktion für Tatbestandsvoraussetzungen eines Anspruchs. Ein Anspruch auf planerische Maßnahmen, auch Lärmschutzmaßnahmen, ist nach § 2 Abs. 7 BBauG ausgeschlossen. Die Regeln über das Planaufstellungsverfahren, innerhalb dessen die Abwägung nach § 1 Abs. 7 BBauG vorzunehmen ist, bleiben unberührt, ohne daß dies der Erwähnung bedarf.

Ist dieser Rechtscharakter der §§ 1, 2 Abs. 1 Satz 1 VLärmSchG klargestellt, so erscheint es angezeigt, darauf hinzuweisen, daß die eindeutige Charakterisierung des § 1 VLärmSchG als Planungsleitsatz und der Abwägungsklausel des § 2 Abs. 1 Satz 1 VLärmSchG auch angezeigt und für die Anwendung des Gesetzes hilfreich ist unter anderen Aspekten.

Mit der Einführung der IGW in das Gesetz als *Grenz*werte ist ein wesentlicher Schritt getan, um zu verdeutlichen, welche Funktion diese durch die Werte des § 1 Abs. 2 VLärmSchGE festgelegte Grenze einnehmen soll. Das erscheint um so notwendiger, als sowohl die Bezeichnungen sehr variieren wie auch die mit den IGW verbundenen Funktionen sehr unterschiedlich charakterisiert werden.

Angesichts einer Fülle von Äußerungen zu IGW erscheint es nicht unangebracht, im Gesetz noch weiter zu verdeutlichen, daß es sich bei der durch die IGW festgelegte Grenze um

— eine im Vorfeld des Eigentumsschutzes nach Art. 14 GG angesiedelte Grenze, die der einfachgesetzlichen Güterabwägung folgt, handelt, deren Regelung dem verfassungsrechtlichen Gebot der Rücksichtnahme folgt

— und nicht um einen eigentumskonkretisierenden, den Eigentumsschutz umreißenden, enteignungsrechtlich geprägten, eine eigentumsrechtlich zu verstehende Wertentscheidung beinhaltende Grenze.

Es erscheint nicht unangebracht, dazu eine klarstellende Formulierung zu § 1 Abs. 1 oder Abs. 2 VLärmSchG einzufügen, etwa in dem Sinne, daß unterhalb der Schwelle der IGW Verkehrsimmissionen ohne Vorsorgemaßnahmen des Baulastträgers, sei es durch aktiven Schallschutz, sei es durch Ersatz von Aufwendungen für passiven Schallschutz, hinzunehmen sind, ohne daß das Überschreiten der in § 1 Abs. 2 VLärmSchG geregelten Werte bereits Entschädigungsansprüche enteignungsrechtlicher Art auslöst.

Die deutliche Betonung des § 1 VLärmSchG als Planungsleitsatz und die Charakterisierung des § 2 Abs. 1 Satz 1 VLärmSchG als planerische Abwägungsklausel hat außerdem den Vorteil, daß über eine Abwägung nach § 2 Abs. 1 Satz 1 VLärmSchG Belange des Städtebaus, Belange der Landschaftspflege und des Landschaftsschutzes und auch private Belange mitberücksichtigt werden können.

Die in jedem Fall strikte Einhaltung der IGW, ohne Abmilderung durch eine Abwägungsklausel, hätte u. U. untragbare stadtgestalterische Auswirkungen zur Folge, abgesehen davon, daß aktive Schallschutzmaßnahmen auch private Belange des betroffenen Bürgers beeinträchtigen können. In einem planerischen Abwägungsvorgang können alle diese Belange berücksichtigt werden. Diese rechtliche Sicht könnte dazu beitragen, einer Flut von Erdwällen, Zäunen, Betonwänden und anderen Lärmschutzmaßnahmen in vernünftiger Weise entgegenzuwirken. Hier ist noch ein weiterer Aspekt hinzuzufügen: Man kann davon ausgehen, daß sich aus dem VLärmSchG dasselbe Rangverhältnis der Maßnahmen ableiten läßt, wie dies in den §§ 41 ff. BImSchG vorgesehen ist: Möglichste Vermeidung von Verkehrslärm — Aktiver Schallschutz — Passiver Schallschutz. Dieser Stellenwert an Maßnahmen läßt sich noch besser verdeutlichen durch Aufnahme eines generellen Planungsleitsatzes.

Es erscheint aus mehreren Gründen angezeigt, dem Vorschlag des Bundesrates zu folgen, der die Aufnahme eines generellen Planungsgrundsatzes vorgeschlagen hat. Der Charakter als Planungsnorm könnte bereits in der Überschrift zum Ausdruck kommen, sodann sollte der generelle Planungsgrundsatz mit dem bisherigen Planungsleitsatz des § 1 VLärmSchGE verknüpft werden, etwa wie folgt:

§ 1 Grundsätze bei der Planung von Straßen und Schienenwegen zum Schutz gegen Verkehrslärm

(1) Straßen und Schienenwege sind so zu planen, daß die Einwirkungen des von ihnen ausgehenden Verkehrslärms auf die ausschließlich oder überwiegend dem Wohnen dienenden Gebiete sowie auf sonstige schutzbedürftige Gebiete und Flächen soweit wie möglich vermieden werden.

(2) Soweit die Einwirkungen nach § 1 Abs. 1 nicht zu vermeiden sind, ist bei dem Bau oder der wesentlichen Änderung öffentlicher Straßen sowie von Schienenwegen für Eisenbahnen ... zum Schutze der zulässigen baulichen Nutzung benachbarter Grundstücke durch geeignete Maßnahmen sicherzustellen, daß ...

Diese Regelung hat m. E. folgende Vorteile:

— Durch die Einfügung des generellen Planungsgrundsatzes und seine Verknüpfung mit § 1 VLärmSchG wird der Planungscharakter der Norm unterstrichen. Das kommt seiner Verdeutlichung zugute.

— Ein eigener Planungsgrundsatz im VLärmSchG löst diesen Grundsatz von den Besonderheiten des § 50 BImSchG und seiner Verankerung im Gewerberecht.

— Er ermöglicht eine gezielte Überprüfung der Planung auch auf den Aspekt der Vermeidung von Einwirkungen durch Verkehrslärm.

— Die Aufnahme betont die Berücksichtigung städtebaulicher und landschaftspflegerischer Aspekte.

— Die Aufnahme unterbindet die möglicherweise zu befürchtenden Tendenzen, die IGW des § 1 Abs. 2 VLärmSchG auszuschöpfen.

— Gründe der Praktikabilität sprechen für die Aufnahme, weil die nach dem VLärmSchG arbeitende Verwaltung im unmittelbaren Zusammenhang mit dem unmittelbar anzuwendenden Gesetz sich den Vermeidungsgrundsatz vergegenwärtigen soll.

— Dieser Planungsgrundsatz unterstreicht den Vorrang der planerischen Vermeidung von Verkehrslärm mit Auswirkungen auf schutzwürdige Gebiete vor planerischer Konfliktbewältigung durch Vorsorgemaßnahmen an gehöriger Stelle im Gesetz.

Zum Abschluß der Strukturuntersuchungen zu § 1 ist noch einmal auf das Verhältnis zum Fachplanungsrecht zurückzukommen. Ist das Verhältnis zum Fachplanungsrecht, insbesondere zu § 17 Abs. 4 FStrG und den entsprechenden Formulierungen der Landesstraßengesetze in dem o. a. Sinne geklärt, so werden die Schranken der planerischen Abwägung in § 17 Abs. 4 FStrG durch §§ 1, 2 Abs. 1 Satz 1 VLärmSchG ersetzt. Je eindeutiger und klarer die Formulierung insoweit ist, um so eher ist die Gefahr gebannt, daß wegen mangelnder Klärung des Verhältnisses der Normenkomplexe des VLärmSchG einerseits und des Fachplanungsrechts andererseits die Abwägungen nach den verschiedenen Normbereichen „auseinanderlaufen“, weil Voraussetzungen und Rechtsfolgen als in nebeneinander her geltenden Normen angesiedelt gesehen werden. Dieses „Auseinanderlaufen“ muß besonders deswegen vermieden werden, weil die Rechtsprechung des BVerwG aus § 17 Abs. 4 FStrG andere Grenzkriterien für die Zumutbarkeit ableitet, als dies in § 1 Abs. 2 VLärmSchGE vorgesehen ist. Außerdem hat das Schutzgut in § 17 Abs. 4 FStrG eine andere Ausprägung erfahren als in dem VLärmSchGE. Bei einer Berücksichtigung der objektiven Geräuschvorbelastung kommt man zu anderen Werten, als wenn man mit der Methode des VLärmSchGE arbeitet, der die Gebietsbezogenheit nahezu allein in den Vordergrund stellt. Nur eine exakte Verweisungsregelung und eine eindeutige Klärung des Verhältnisses von VLärmSchG zum Fachplanungsrecht kann hier eine der Rechtssicherheit abträgliche Entwicklung vermeiden helfen.

IV. Zu § 1 Abs. 1 VLärmSchGE (Schutzgegenstand)

Nach der Gegenäußerung der Bundesregierung ist der Schutzgegenstand des § 1 Abs. 1 VLärmSchGE auf die „bauliche" Nutzung reduziert worden. Damit ist der Schutzgegenstand anders als in § 17 Abs. 4 FStrG geregelt. Zur Annehmlichkeit des Wohnens gehört aber auch die adäquate Nutzungsmöglichkeit von Außenwohnflächen (Balkon, Terrasse, Garten) sowie die Möglichkeit normalen Wohnverhaltens.

Es ist eine gesetzgeberische Entscheidung, ob das VLärmSchG seinen Schutzzweck auf den Schutz der baulichen Nutzung einschränkt oder nicht. Rechtlich ist dazu anzumerken, daß diese Beschränkung des Schutzzwecks auf die bauliche Nutzung das gesamte Gesetz durchzieht; so wird z. B. der berechnete Mittelungspegel in der Neufassung des § 1 Abs. 2 Satz 1 VLärmSchGE auf die zu schützende vorhandene oder zulässige bauliche Anlage bezogen. Außerdem ist der Ausschluß von Schutzmaßnahmen nach § 2 Abs. 2 Satz 1 VLärmSchGE u. a. dadurch begründet, daß die Kosten außer Verhältnis zu dem angestrebten Schutzzweck stehen. Bei einer Reduktion des Schutzzwecks ist dieser Ausschlußgrund eher erreicht als bei einer weiteren Fassung.

Bleibt es bei der Formulierung des § 4 Satz 2 VLärmSchGE, daß die in den §§ 1 und 2 getroffenen Regelungen für den Lärmschutz den im Einzelfall für die Planfeststellung geltenden Vorschriften über den Schutz für benachbarte Grundstücke vorgehen, so erscheint es zweifelhaft, ob die Rechtsprechung die materiell-rechtlichen Voraussetzungen für die Schutzauflage nach § 17 Abs. 4 FStrG und entsprechende Regelungen im Fachplanungsrecht auch insoweit durch §§ 1, 2 VLärmSchG verdrängt sieht, als der Schutzzweck des § 17 Abs. 4 FStrG und anderer fachplanungsgesetzlicher Regelungen über den Schutzzweck der §§ 1, 2 VLärmSchG hinausreicht.

Der Schutzgegenstand des Gesetzes muß sich auch auf die *genehmigte* Nutzung erstrecken.

V. Zu § 1 Abs. 2 VLärmSchGE (Immissionsgrenzwerte)

§ 1 Abs. 2 VLärmSchGE geht bei der Bestimmung der Grenze für Verkehrslärm von der Methode der unter bebauungsrechtlichen Gesichtspunkten typisierenden Qualifizierung der von der Straße nachteilig betroffenen Umgebung aus *(gebietsartbezogene Qualifizierung)*.

Vergleicht man diese Kriterienliste mit den Kriterien, die das BVerwG zur Zumutbarkeitsgrenze nach § 17 Abs. 4 FStrG entwickelt hat, so fällt auf, daß die *Geräuschvorbelastung*, die in der Rechtsprechung des BVerwG eine so große Rolle spielt, nicht als Kriterium aufgenommen worden ist. Das BVerwG sieht bei einer typisierenden Charakterisierung aber handgreifliche Unterschiede auch zwischen Wohngebieten gleicher Gebietsart, die infolge der objektiven Geräuschvorbelastung, also Störfaktoren tatsächlicher Art, die Schutz*fähigkeit* eines solchen Gebietes trotz Lärmschutzes infolge typisierender Betrachtung in Frage stellen können. Im Interesse der Vermeidung von Lärmschutz an nicht schutzfähigen Grundstücken sollte die objektive Geräuschvorbelastung nicht völlig außer Betracht bleiben.

Die drei Gruppen von Maßstäben in Anlehnung an die in der BauNVO geregelten Gebietsarten erscheinen auch für die Zuordnung von IGW im Ausgangspunkt geeignet. Besondere Wohngebiete nach § 4 a BauNVO stehen vom Schutzzweck her den Gebieten nach § 2 Abs. 2 Satz 1 Ziff. 1 VLärmSchGE näher. Sie sollten dieser Ziffer zugeordnet werden. Entgegen der Auffassung des Bundesrates erscheinen auch Industriegebiete nach Maßgabe des § 1 Abs. 2 Satz 1 Ziff. 3 VLärmSchGE schützenswert. Bestimmte Vorhaben im Außenbereich oder in Sondergebieten sind verstärkt schutzwürdig. Bei ihnen sollte der IGW um bis zu 5 dB (A) niedriger festgesetzt werden. Der Außenbereich (§ 35 BBauG) ist — wie die Rechtsprechung des BVerwG bestätigt — nicht generell schutzlos gestellt.

Bei der Zuordnung der Gebiete nach § 34 BBauG sollte — besteht die umgebende Bebauung aus verschiedenen Gebietselementen — entweder die Zulässigkeit von Mittelwerten oder die Maßgeblichkeit der schutzwürdigsten Gebietselemente für die IGW geregelt werden.

VI. Zu § 1 Abs. 3 VLärmSchGE (wesentliche Änderung)

Gegen die Abgrenzung der „wesentlichen Änderung" durch Rückgriff auf den „baulichen Eingriff" ergeben sich Bedenken aus dem Aspekt des Gleichheitssatzes und unter Berücksichtigung des mit dem VLärmSchG verfolgten Schutzzweck, nämlich dem Schutz der zulässigen baulichen Nutzung von benachbarten Grundstücken. Die Anknüpfung an die bauliche Veränderung infolge baulichen Eingriffs ist — vom Schutzgut her gesehen — willkürlich.

Die Anbindung der wesentlichen Änderung muß am besten auf exakter definierbare und abgrenzbare Rechtsakte, wie Akte der Widmung oder Planung, abheben. Entscheidend ist aber nicht der „bauliche Eingriff", sondern die Lärmeinwirkung der Straße auf Nachbargrundstücke. Eventuell läßt sich methodisch so vorgehen, daß einzelne Beispiele exemplarisch aufgeführt werden, um auf diese Art und Weise die Weiterentwicklung von Kriterienkatalogen zu ermöglichen.

VII. Zu § 2 Abs. 1 VLärmSchGE

Ob der Ausschlußtatbestand „technisch nicht durchführbar" wegen der stets bestehenden Möglichkeit der Tunnelung praktikabel ist, erscheint zweifelhaft.

Die Formulierung „aus anderen Gründen untunlich" mit der kaum greifbaren Bedeutung des Begriffs „untunlich" im allgemeinen und der fehlenden Festlegung im rechtlichen Sprachgebrauch gibt der Verwaltung weitgehende Verfügungsfreiheit über die Sicherstellung des Lärmschutzes durch aktive Schallschutzmaßnahmen. Wie wenig faßbar dieser Begriff ist, zeigt, daß die Kommentare zum VwVfG, aus dem der Begriff „untunlich" stammt, nur mit dem Beispiel „wirtschaftlich nicht vertretbar" zur Erläuterung des Begriffs „untunlich" arbeiten (s. z. B. *Ule-Laubinger,* Verwaltungsverfahrensrecht, 1977, S. 166). In der Tat ist auch der allgemeine Sprachgebrauch völlig offen.

Das Deutsche Wörterbuch von Grimm (*Jacob Grimm und Wilhelm Grimm,* Deutsches Wörterbuch, 11. Band, III. Abt., bearbeitet von Karl Euling, 1936, S. 1942) weist das Wort mit zwei Gruppen von Wortbedeutungen nach, die den übergeordneten Begriffen „impossibilis" und „inopportunus" zugeordnet sind. Davon dürfte wohl nur die zweite Bedeutung noch heute in Betracht kommen mit: untauglich, unangebracht, unpassend, unpraktisch; nachteilig, abträglich, verlustreich, mißlich, schädlich, unrationell, unwirtschaftlich, unrentabel. Das Wort „untunlich" eröffnet nach diesem Sprachgebrauch die Möglichkeit, alle irgendwie gearteten Gründe, die gegen den Lärmschutz nach § 1 VLärmSchGE sprechen, zu aktivieren und unter dieses Tatbestandsmerkmal zu subsumieren. Sie reduziert die Schwelle vom aktiven zum passiven Lärmschutz auf alle Arten von Gegengründen, so daß der zwingende Charakter des § 1 Abs. 1 VLärmSchG unterlaufen wird. Es ist nicht auszuschließen, daß mit dieser Leerformel die so sehr betonte politische Grundsatzentscheidung des Gesetzgebers über die IGW in Frage gestellt wird.

Die Formulierung „mit anderen öffentlichen Belangen unvereinbar" könnte dahin ausgelegt werden, daß entgegenstehende öffentliche Belange genügen, gleich welchen Gewichts sie sind. Die Notwendigkeit, daß sie überhaupt zurücktreten müssen, würde dann ausreichen, um ihnen das Attribut der Unvereinbarkeit zukommen zu lassen.

Es erscheint deswegen angezeigt, das Merkmal der Unvereinbarkeit näher zu spezifizieren dahin, daß die Unvereinbarkeit auf entgegenstehende Belange beschränkt wird, die überwiegen, so daß auch Überlegungen über die Gewichtung angestellt werden müssen. Denn dann kommt erst der hohe Stellenwert des § 1 Abs. 1 VLärmSchG und der der IGW zum Tragen.

Zur Handhabung des Maßstabes der Verhältnismäßigkeit fehlen nähere Angaben, die praktische Entscheidungen ermöglichen.

Insgesamt erscheint die Regelung der Gründe für das Unterbleiben unbefriedigend, weil sie das Einfallstor für eine Tendenz sein könnte, den aktiven Schallschutz zugunsten des passiven Schallschutzes zu vernachlässigen, da die Entscheidung darüber weitgehend in die Hand der Baulastträger gestellt ist.

Es wäre deswegen zu fragen, ob nicht § 2 Abs. 1 Satz 1 VLärmSchGE — wie oben schon vorgeschlagen — in den § 1 VLärmSchGE einbezogen und als Abwägungsklausel ausgebildet werden sollte mit entsprechenden Gewichtsvorgaben für die Abwägung bestimmter Belange.

Die Abwägungsklausel müßte vor allem auf den Vorrang des aktiven vor dem passiven Schallschutz abheben. Damit könnte klargestellt werden, daß die Entscheidung, ob aktiver Schallschutz unterbleiben kann, aufgrund einer Abwägung der öffentlichen und privaten Belange, die den Maßnahmen entgegenstehen, mit dem Schutzzweck des Gesetzes und unter Berücksichtigung des vom Gesetz beabsichtigten Vorrangs des aktiven vor dem passiven Schallschutz zu erfolgen hat. Dabei sollte weiter hervorgehoben werden, daß der Vorrang des aktiven vor dem passiven Schallschutz eine Schwelle darstellt, die nur durch überwiegende öffentliche und/oder private Belange überwunden werden kann. Die Überlegung, ob die spezifische Verhältnismäßigkeitsprüfung von Maßnahmekosten und Schutzzwecknutzen noch weiter im Sinne Korbmachers spezifiziert werden kann, wird davon nicht berührt. Sie kann neben die Abwägungsklausel treten.

Eine solche Abwägungsklausel hat den Vorteil, daß sie gegenüber den sehr offenen Formulierungen des jetzigen Vorschlags Gewichtungen einbringt und Auslegungsschwierigkeiten solcher Tatbestandsmerkmale wie „Untunlichkeit“ und „Unvereinbarkeit“ vermeidet. Eine solche Abwägungsklausel fügt den Belang des Verkehrslärmschutzes in die fachplanungsrechtliche und gesamtplanungsrechtliche Abwägung des BBauG (§ 1 Abs. 7 BBauG) ein. Sie vermeidet die Folge der Rechtswidrigkeit oder Nichtigkeit bei geringfügigen Überschreitungen.

Eine zentrale Frage ist die rechtliche Charakterisierung des Anspruchs nach § 2 Abs. 1 VLärmSchG, zentral deswegen, weil der BGH aus der Regelung eines Entschädigungsanspruchs in § 42 BImSchG abgeleitet hat, es handele sich um einen Enteignungsentschädigungsanspruch und zusätzlich die Wertung auf Altstraßen erstreckt hat.

Die Verwendung des Terminus „Ausgleich“ und Ausgleichsanspruch begegnet in zweierlei Hinsicht Bedenken. Die passiven Schallschutzmaßnahmen stellen keinen Eingriff dar, der auszugleichen ist, sondern sie sind eine Vorsorgemaßnahme. Durch die Kostenerstattung soll keine Eigentumsbeeinträchtigung „ausgeglichen“ werden. Der Ausgleich für erbrachte notwendige Aufwendungen könnte — insbesondere nach der Rechtsprechung des BGH — als Schadensberechnungsposten des Ausgleichsanspruchs gewertet werden, der grundsätzlich auf Ersatz der unzumutbaren Wertminderung (= Beeinträchtigung der Benutzung oder des Ertrages) des Grundstücks geht.

Um ihn ganz aus dem Bereich dieser Überlegungen herauszunehmen, erscheint es angezeigt, diesen Anspruch auch terminologisch als Anspruch auf eine Vorsorgemaßnahme zu charakterisieren, mit der vorbeugender passiver Schallschutz betrieben wird durch *Erstattung* von Aufwendungen für solche Maßnahmen. Am neutralsten scheint deswegen die Verwendung des Begriffs „Erstattung“ und „Erstattungsanspruch“ zu sein.

Die Bestimmung der notwendigen Aufwendungen durch den Verordnungsgeber (§ 2 Abs. 1 Satz 1 i. V. m. § 5 Abs. 3 Nr. 3 VLärmSchGE) begegnet Bedenken. Der Verordnungsgeber bestimmt den Umfang des passiven Schallschutzes.

Ob sich die Bedenken auf Art. 80 Abs. 1 GG stützen lassen, mag dahinstehen. Entscheidend ist folgendes: Die Überlegungen zu § 2 Abs. 1 Satz 1 VLärmSchGE haben gezeigt, daß bereits bei Untunlichkeit aus anderen Gründen als denjenigen der technischen Nichtdurchführbarkeit und den anderen in § 2 Abs. 1 Satz 1 VLärmSchGE genannten Umständen der aktive Schallschutz unterbleiben kann. Mangels näherer Eingrenzung der dort geregelten unbestimmten Gesetzesbegriffe wird der Verwaltung ein breiter Entscheidungsraum für das Unterbleiben des aktiven Schallschutzes zugestanden. Die Reichweite des passiven Schallschutzes hingegen bestimmt nunmehr gem. § 2 Abs. 1 Satz 2 VLärmSchGE die Exekutive als Verordnungsgeber. Sieht man diese Zusammenhänge, so erscheint die Gefahr nicht ausgeschlossen, daß zwar der Gesetzgeber über die IGW bei aktivem Schallschutz entschieden hat, die Verlagerung des Lärmschutzes auf passiven Schallschutz und die Entscheidung über Art und Umfang des Schallschutzes bei dieser Konstruktion aber weitgehend bei der Verwaltung liegt. Der Grundsatz, daß der Gesetzgeber die Grundsatzentscheidung in diesem Konflikt zu treffen hat, erscheint infolgedessen außerordentlich stark relativiert.

VIII. Zu § 6 VLärmSchGE

(Lärmschutz an bestehenden Bundesfernstraßen)

Die Vorschrift regelt weder Ansprüche auf Lärmschutzmaßnahmen oder auf Aufwendungsersatz für den betroffenen Bürger an den von der Regelung erfaßten Straßen, noch ist sie eine Planungsnorm im Sinne eines externen Planungsleitsatzes. Die Vorschrift trägt vielmehr den Charakter eines Programms für die Sanierung von Bundesfernstraßen in den nächsten 15 Jahren. Die Regelungen des § 6 VLärmSchG sind in hohem Maße imperfekt. Es ist nicht deutlich, wer der Regelungsadressat ist. Es ist m. E. eine Vorschrift, die eine programmatische Zielvorstellung für alle an der Sanierung beteiligten Stellen, einschließlich derjenigen, die für die Bereitstellung der Mittel im Bundeshaushalt zuständig sind, enthält. Außer dieser programmatischen Wirkung ist der Regelungsgehalt der Vorschrift gering.

Ist der unmittelbare Regelungsgehalt der Vorschrift auch sehr gering, so können die Folgewirkungen der Vorschrift dennoch erheblich sein. Das Hauptgewicht der Vorschrift liegt sogar nach meiner Auffassung in ihren Auswirkungen, nicht in den unmittelbar geregelten Tatbeständen.

Die Regelung läßt nämlich auf die Notwendigkeit schließen, an Bundesfernstraßen, bei denen der Mittelungspegel 75/65 dB (A) übersteigt, Schutz vor Verkehrslärm wegen Unzumutbarkeit vorzunehmen. Diese Auffassung wird unterstützt durch den Hinweis in der Begründung des Gesetzentwurfs, daß im Bereich des Mittelungspegels 75/65 dB (A) „die Grenze für die Zumutbarkeit von Verkehrslärm" liegt (Drucks. 8/1671, S. 20). Da diese Grenze ein weiteres Mal im VLärmSchG genannt wird — sie ist bereits in § 1 Abs. 2 VLärmSchGE erwähnt — so manifestiert und markiert sie — unübersehbar — eine Wertung des Gesetzgebers.

Entnimmt die Rechtsprechung § 6 VLärmSchG eine „Grundsatzentscheidung für die bei der Bestimmung der Entschädigung vorzunehmende Abwägung der Interessen der Allgemeinheit und der Betroffenen" (BGHZ 64, 226), so wirkt sich die „enteignungsrechtliche Würdigung" (BGH a.a.O.) über die Wertentscheidung des § 6 VLärmSchG auf alle öffentlichen Straßen aus und macht — angesichts des Interesses an der Ausbildung gleicher Entschädigungsgrundsätze für das einheitliche Gebiet der Beeinträchtigung für Verkehrsimmissionen nicht bei Bundesstraßen halt. Die Befürchtung dürfte nicht von der Hand zu weisen sein, daß — sollte die Altstraßenproblematik nach wie vor ungeregelt bleiben — die Rechtsprechung für *alle* öffentlichen Verkehrswege sogar von niedrigeren Werten bei der Zuerkennung von öffentlich-rechtlichen Ansprüchen auf Enteignungsentschädigung ausgeht.

Halten sich doch jetzt bereits die Untergerichte nicht bei den subtilen Überlegungen des BGH im 64. Bd. und im Urteil vom 10. 11. 1977 auf. Untergerichte gehen beispielsweise bereits von der analogen Anwendung der Vorschriften des BImSchG aus. Die Gemeinden befürchten hier weitere Einbrüche.

Man kann auf *dreierlei* Weise zu der Vorschrift Stellung nehmen:

1. Man kann sich für ihre *Streichung* aussprechen.

Der Deutsche Anwaltverein hat dies sehr nachdrücklich getan:

„§ 6 in seiner gegenwärtigen Fassung sollte entfallen. Die Vorschrift ist im Ergebnis inhaltslos, weil sie den Lärmschutz an bestehenden Bundesfernstraßen von einer Vielzahl reiner Ermessensentscheidungen des Haushaltsgesetzgebers und der Verwaltung abhängig macht, die keiner gesetzlichen Regelung bedürfen, sondern auch ohne gesetzliche Ermächtigung getroffen werden können. Mit diesen Einschränkungen hat die Vorschrift nicht einmal grundsätzliche Bedeutung. Sie kann jederzeit für wie gegen die Verwirklichung von Lärmschutz an bestehenden Straßen benutzt werden. Die Vorschrift ist auch in ihren einzelnen Regelungen mißlungen."

2. Man kann davon ausgehen, daß eine Absichtserklärung des Parlaments, ein Programmgesetz bezüglich der Altstraßen, immer noch besser sei als gar keine Regelung. Dann bleibt die Frage, ob diese Vorschrift — würde sie Gesetz — Bestand hätte.

Die Beschränkung auf Bundesfernstraßen ist nicht verfassungswidrig:

— Der Bundesgesetzgeber hat keine Pflicht aus Art. 74 Nr. 24 i. V. m. Art. 72 GG, die Regelung auf alle öffentlichen Straßen auszudehnen.

— Der Gleichheitssatz des Art. 3 GG ist nicht verletzt, weil der Bundesgesetzgeber keine abschließende Regelung trifft, sondern Raum für Landesgesetze läßt. Länderweise Ungleichheiten beruhen auf der föderativen Struktur unseres Staates, sind aber nicht gleichheitswidrig nach Art. 3 Abs. 1 GG.

— Es liegt kein Verstoß gegen Art. 14 GG vor.

Die unterschiedliche Behandlung von neuen und bestehenden Straßen ist verfassungskonform:

— Art. 2 Abs. 2 GG ist nicht verletzt.

— Im Hinblick auf den Gleichheitssatz ist ein sachlicher Differenzierungsgrund zwischen bestehenden und neuen Straßen gegeben (Situationsgebundenheit). Bedenken ergeben sich allerdings bei der unterschiedlichen Behandlung von Altstraßen nach § 6 VLärmSchG und Altstraßen, die infolge eines „baulichen Eingriffs" nach § 1 VLärmSchG behandelt werden.

— Sieht man die IGW des § 1 Abs. 2 VLärmSchGE unterhalb der Schwelle der Enteignung liegen, könnte die Schwelle zur Enteignung möglicherweise bei einem Mittelungspegel von 75/65 dB (A) angesiedelt werden. Dies müßte dann allerdings als Wertung des Gesetzgebers zur Bestimmung der Grenze zwischen sozialer Bindung des Eigentums und Enteignung angesehen werden. Diese Auslegung des § 6 VLärmSchGE würde dazu führen, daß keine Enteignung der Bewohner von an Bundesfernstraßen grenzenden Grundstücken gegeben ist, solange sie einer Lärmbelästigung unterhalb des angegebenen Mittelungspegels ausgesetzt wären.

3. Man kann aber auch den Gesetzgeber für verfassungsrechtlich verpflichtet halten, § 6 VLärmSchG

— als Anspruchsnorm auszubilden

— auf alle öffentlichen Verkehrswege auszudehnen

— und im Hinblick auf die IGW stärker zu differenzieren.

Zu dieser Auffassung gelangt *Schmidt-Aßmann* in einem für den Bundesverkehrsminister erstatteten Gutachten, allerdings unter Einbeziehung verfassungs- und verwaltungspolitischer Gesichtspunkte:

„Einschränkungen wie sie im Bereich des Art. 14 Abs. 3 S. 2 GG (Junktimklausel) für zulässig angesehen werden, müssen Ausnahmen bleiben. Das gilt erst recht für den Schutzbereich des Art. 2 Abs. 2 GG. Nur atypische Eingriffsvorgänge mögen auch ohne eine solche Grundlage für eine Übergangszeit toleriert werden. Ist ihre Typizität erkannt, so bedarf es einer gesetzlichen Regelung, wenn anders die Eingriffe nicht rechtswidrig werden und den grundrechtlichen Abwehransprüchen unterfallen sollen.

Die Lärmbeeinträchtigung der Anliegergrundstücke ist in ihrem tatsächlichen Ausmaß und in ihrer rechtlichen Einordnung als grundrechtsrelevanter Eingriffsvorbehalt heute prinzipiell erkannt. Mag über die exakte Festlegung medizinisch indizierter Grenzwerte in einigen Punkten noch Unklarheit herrschen; der Tatsache, daß Lärmbeeinträchtigungen nicht nur in atypischen Konstellationen, sondern „serienweise“ die Grenze des grundrechtsverletzenden Eingriffs überschreiten, kann sich heute niemand mehr entziehen.

Die parlamentarischen Beratungen der Neustraßenregelung sind der geeignete Rahmen, um auch das Problem der Altstraßen der verfassungsrechtlich gebotenen Regelung zuzuführen. Mit dem Abschluß dieser Beratungen ist auch die für Altstraßen dem Gesetzgeber zuerkannte Übergangsfrist verstrichen.

Die verfassungsgebotene Regelung muß zweierlei bieten: sie muß Umfang und Ausmaß der Immissionseingriffe gesetzlich umreißen und sie muß uno actu eine der Junktimklausel und dem in Art. 2 Abs. 2 GG mitangelegten Aufopferungsanspruch entsprechende Entschädigungsregelung bringen. Diese Entschädigungsregelung muß subjektiv-rechtlich, d. h. als Anspruch ausgestattet sein, den sie korreliert dem Eingriff in subjektive Rechte. Verpflichtungserklärungen ausschließlich des objektiven Rechts genügen nicht. Erst recht erfüllen parlamentarische Absichtserklärungen nach Art des § 6 Entw./VLärm SchG den Anspruch der Junktimklausel nicht.

Der Gesetzgeber darf auf eine schnelle bindende Lärmschutzregelung der Altstraßen ferner deswegen nicht verzichten, weil er sich andernfalls seiner legitimen, aber auch obligatorischen Steuerungsmöglichkeiten begibt. Im System der parlamentarischen Demokratie eignet dem Gesetzgeber vor den anderen Gewalten ein aus seinem Repräsentationsvorrang abgeleiteter Steuerungsvorrang. Dieser kann nicht ohne Schaden an die Gerichte abgetreten werden."

Die Auffassung von *Schmidt-Aßmann* ist auf das engste mit dem Nachweis der Existenz eines solchen Regelungsgebots verknüpft. Ich neige eher dazu, seine Vorschläge als Ergebnisse verfassungspolitischer Erwägungen anzusehen, als die sie nur zu unterstützen sind.

Aussprache zu dem Referat von Werner Hoppe

Bericht von Klaus Frey

Prof Dr. *Richard Bartlsperger*, Erlangen, dankte in seiner Eigenschaft als Diskussionsleiter dem Referenten und schlug vor, die Aussprache in ihrem Ablauf nach den Themenschwerpunkten auszurichten, die in den schriftlich formulierten Leitsätzen zum Referat niedergelegt sind.

Zum Gegenstandsbereich „Struktur des Verkehrslärmschutzgesetzes" (VLärmSchG) eröffnete Ministerialrat Dr. *Hans Carl Fickert*, Düsseldorf, die Aussprache. Im Gegensatz zur Auffassung des Referenten vertrat er den Standpunkt, daß § 1 Abs. 1 VLärmSchG keinen externen Planungsleitsatz, sondern ein subjektiv öffentliches Recht als Rechtsanspruch enthalte. Dieser Rechtsanspruch werde in § 1 Abs. 2 und 3 VLärmSchG durch Definitionsnormen konkretisiert; Absatz 4 statuiere einen Vorbehaltsbereich von der Verpflichtung zur Beachtung der Immissionsgrenzwerte. Bei dieser rechtlichen Qualifizierung von § 1 VLärmSchG könne § 2 dieses Gesetzes keinen Abwägungsspielraum enthalten, wie der Referent meine, sondern unbestimmte Rechtsbegriffe, ähnlich wie sie in § 74 Abs. 2 Satz 3 VwVerfG oder § 17 Abs. 4 FStrG anzutreffen seien. Die Einordnung der Begriffe „untunlich bzw. unvereinbar" (so § 74 Abs. 2 Satz 3 VwVerfG) oder „unvereinbar, außer Verhältnis zum angestrebten Schutzzweck stehend" (so § 17 Abs. 4 Satz 2 FStrG) in die Kategorie der unbestimmten Rechtsbegriffe sei unbestritten. Ihre wortgetreue bzw. sinngemäße Übernahme in § 2 Abs. 1 VLärmSchG erlaube daher bei diesem Gesetz keine grundlegend andere Beurteilung ihrer Rechtsnatur. Von den Autoren des Gesetzentwurfs sei dies auch nicht beabsichtigt gewesen. § 4 des Gesetzentwurfs stellt nach Auffassung von Dr. *Fickert* nicht mit der notwendigen Deutlichkeit den absoluten Vorrang des VLärmSchG vor den Fachplanungsgesetzen bei der Planfeststellung heraus.

Zu Leitsatz 7 „Nichtbeachtung des externen Planungsleitsatzes" meldete sich Leitender Ministerialrat Dr. *Gerhard Nedden*, Hannover, zu Wort. Unter Anknüpfung an die Ausführungen von Dr. *Fickert* zu § 4 VLärmSchG vertrat er die Auffassung, daß die Identität des Schutzzwecks von § 1 Abs. 1 VLärmSchG und § 17 Abs. 4 FStrG den Gesetzgeber zu einer klareren Aussage verpflichte, als es im Entwurf geschehen sei, wenn er den Vorrang des VLärmSchG habe unzweideutig festlegen wollen. Der zur Erreichung dieses Zwecks vom Referenten unterbreitete Vorschlag, die materiell-rechtlichen Voraussetzungen für Auflagen zum Schutz gegen Verkehrslärm bei Planfeststellungsverfahren dem VLärmSchG zu entnehmen und dieses Verfahren durch eine Rechtsfolgenverweisung in § 4 VLärmSchG sicherzustellen, bedeute zugleich, daß auch das geschützte Rechtsgut und die Gründe für das Unterbleiben von Schutzauflagen dem VLärmSchG entnommen werden müßten. Im Ergebnis hätte dies zur Folge, daß die Schranken der planerischen Abwägung soweit sie in § 17 Abs. 4 FStrG geregelt sind, durch § 1 Abs. 2 VLärmSchG ersetzt würden. Unter diesen Voraussetzungen dränge sich die Frage auf, ob nicht doch der Anspruchscharakter des VLärmSchG stärker betont werden müsse, da ihm die tatbestandlichen Voraussetzungen für einen Anspruch auf Schutzauflagen entnommen werden müßten.

In seiner Stellungnahme zu den Diskussionsbeiträgen von Dr. *Fickert* und Dr. *Nedden* hob Prof. Dr. *Hoppe* auf den Textbefund der §§ 1 und 2 VLärmSchG ab. Die Begriffe „aus anderen Gründen untunlich" oder „mit anderen öffentlichen Belangen unvereinbar", seien einer vollen gerichtlichen Kontrolle aufgrund ihrer Struktur nicht zugänglich. Sie aktualisierten sich vielmehr in Abwägungsvorgängen, worauf auch der Bundesrat in seiner Stellungnahme zum Entwurf im ersten Durchgang aufmerksam gemacht habe. Die mögliche Absicht, mit dem VLärmSchG Auflagenansprüche zu schaffen, hätten die Verfasser im Entwurf nicht mit der erforderlichen Klarheit zum Ausdruck gebracht. Infolgedessen seien Auflagenansprüche im Fachplanungsrecht nur nach Maßgabe der Rechtsprechung des Bundesverwaltungsgerichts zu begründen. In seiner neuesten Entscheidung, dem Frankfurter-Flughafenurteil vom 7. 7. 1978, habe das Gericht ausgeführt, daß eine Nichtbeachtung der planerischen Abwägung den Planfeststellungsbeschluß objektiv rechtswidrig mache, dessen Aufhebung aber nur dann zur Folge habe, wenn die Gesamtkonzeption der Planung berührt sei. Anderenfalls komme nur eine Planergänzung in Betracht. Dieser Planergänzungsanspruch trete nun in Konkurrenz beispielsweise mit dem in § 17 Abs. 4 FStrG geregelten Anspruch, so daß infolge der nicht hinreichend klaren Fassung des § 4 VLärmSchG eine akute Gefahr für divergierende Rechtsentwicklungen entstehe. Es sei daher eine vordringliche Aufgabe für die Ausschußberatung, einer solchen denkbaren Entwicklung entgegenzuwirken.

Prof. Dr. *Bartlsperger* hatte keine Bedenken, dem Referenten in der Qualifizierung der §§ 1 und 2 VLärmSchG als Planungsleitsatz bzw. Abwägungsgebot zuzustimmen; er äußerte jedoch Vorbehalte bezüglich einer Einheitlichkeit in der Behandlung der planerischen Abwägung und der zum Zwecke der Erteilung von Schutzauflagen durchzuführenden Abwägung. Diese Einheitlichkeit verwische den in der Dogmatik des allgemeinen Verwaltungsrechts anerkannten und auch in § 36 Abs. 2 Nr. 4 VwVerfG durchgeführten Grundsatz der Trennung von Auflage und begünstigendem Verwaltungsakt. Die planungsrechtliche Spruchpraxis des Bundesverwaltungsgerichts befinde sich, wie die Entscheidung im Frankfurter-Flughafenfall gezeigt habe, auf dem richtigen Weg zu einer Trennung von Auflage und Planfeststellungsbescheid, wenn auch dieser Weg derzeit noch nicht konsequent zu Ende beschritten werde. Gerade im Fachplanungsrecht könne anders als bei der Raumplanung die Trennung von Auflage und Plan ohne dogmatische Schwierigkeiten vollzogen werden, so daß ein Rechtsfehler bei der Auflagenerteilung nicht notwendig zu einer Rechtswidrigkeit des Planfeststellungsbeschlusses führen müsse. Für ein Trennungsdenken dieser Art sprächen auch Bedürfnisse der Praxis. Für die Verwaltung sei es schwierig, die Fehlerquellen bei der Auflagenregelung richtig abzuschätzen und die Gerichte müßten sich bereits bei der Zulässigkeit einer Klage in Planungssachen überlegen, bzw. ein Sachverständigengutachten darüber einholen, ob die Grundkonzeption der Planung betroffen sei, denn hiervon hänge ab, ob Anfechtungs- oder Verpflichtungsklage zulässig seien. Die Verselbständigung der Auflagenregelung vom Planfeststellungsbeschluß mit einem davon losgelösten Abwägungsgebot, sei daher vom VLärmSchG zu fordern.

Prof. Dr. *Hoppe* räumte ein, daß die gesetzliche Realisierung der von Prof. Dr. *Bartlsperger* vorgetragenen Rechtsmeinung im Interesse der Klarheit zu begrüßen sei, doch sei gerade hierfür ein Handeln des Gesetzgebers gefordert, selbst wenn die Rechtsprechung des Bundesverwaltungsgerichts bereits einen vorsichtigen Schritt in dieser Richtung getan habe. Indessen sei in der vorliegenden Fassung des Gesetzentwurfs von dieser konstruktiven Klarheit noch nichts zu erkennen. Als Folge davon bleibe auch das Verhältnis zwischen VLärmSchG und Fernstraßengesetz klärungsbedürftig. Eine Regelung dieses Problems könne er sich nur in der Weise vorstellen, daß die materiellrechtlichen Voraussetzungen im VLärmSchG abschließend festgelegt würden, verfahrensrechtlich es aber bei der Regelung des § 17 FernStrG bewenden bleibe.

Unter Anknüpfung an seinen früheren Diskussionsbeitrag und das Urteil des BVerwG vom 7. 7. 1978 kam Dr. *Fickert* noch einmal auf die Rechtsqualität der §§ 1 und 2 VLärmSchG als Anspruchsnorm bzw. Planungsleitsatz zu sprechen. Hierzu vertrat er die Auffassung, daß die Beurteilung der Rechtsnatur der genannten Vorschriften auch unter Berücksichtigung der rechtlichen Konsequenzen der erwähnten Gerichtsentscheidung vorgenommen werden müsse. Unabhängig davon, ob das VLärmSchG als Planungsgesetz anerkannt werde oder nicht, müsse im Ergebnis erreicht werden, daß eine fehlende Auflagenregelung nicht zur Planaufhebung, sondern nur zur Planergänzung führe.

Nach einer gesetzlichen Regelung der durch die Entscheidung des BVerwG vom 7. 7. 1978 im Zusammenhang mit dem hier behandelten Problembereich aufgeworfenen Fragen, verlangte Regierungsrat *Hans-Peter Güttler*, Wiesbaden. In der vom BVerwG vorgenommenen Differenzierung zwischen der Planaufhebung bei schwerem Planungsverstoß und Planergänzung bei geringeren Mängeln, sah er die Ungleichbehandlung vergleichbarer Tatbestände, die ein Gericht nicht ohne gesetzliche Legitimation vornehmen dürfe.

Die Notwendigkeit für Klarstellungen durch den Gesetzgeber sah Prof. Dr. *Hoppe* sowohl in bezug auf die von Prof. Dr. *Bartlsperger* wie auch von Dr. *Fickert* vorgebrachten Probleme. Die rechtsdogmatischen Unklarheiten des Entwurfs eines VLärmSchG und die Fragen, die sich für den Rechtsschutz aus dem Urteil des BVerwG ergäben, müßten vom Gesetzgeber entschieden werden und dürften nicht der Rechtsprechung überlassen bleiben.

Zum Gegenstandsbereich „Immissionsgrenzwerte" richtete Ministerialrat *Hans Alexander*, Stuttgart, an den Referenten die Frage, ob er bei seiner zustimmenden Stellungnahme zu den nutzungsgebietsspezifischen Grenzwerten die Vorbehalte berücksichtigt habe, die unter sozialen und medizinischen Gesichtspunkten hiergegen vorgebracht wurden.

Die gebietsartbezogene Qualifizierung der Immissionsgrenzwerte hält Prof. Dr. *Hoppe* aus Gründen der Praktikabilität für sinnvoll. Zwar stoße der Praktikabilitätsgesichtspunkt beim unbeplanten Innenbereich an enge Grenzen, die sich aus der in diesen Gebieten häufig anzutreffenden heterogenen Nutzungsart ergäben, so daß hier mit Mittelwerten gearbeitet werden müßte, doch stelle diese Einschränkung die Zweckmäßigkeit einer solchen Regelung nicht grundsätzlich in Frage. Auch sei mit dieser Stellungnahme noch keine Bewertung der Angemessenheit der für die jeweilige Nutzungsart unterschiedlich festgesetzten Grenzwerte verbunden.

Oberregierungsrat *Holger Reichmann*, Hamburg, hob den Zusammenhang zwischen der gebietsartbezogenen Qualifizierung der Immissionsgrenzwerte und dem Schutzzweck des VLärmSchG hervor. Dadurch, daß der Gesetzgeber auf die Nutzungsart der Grundstücke abstelle, schütze er in erster Linie den Grundstückswert. Im Gegensatz zu §§ 41 bis 43 BImSchG stehe in diesem Gesetz der Mensch nicht im Mittelpunkt des Schutzinteresses, woraus eine Reihe von Unstimmigkeiten resultiere, von denen Ministerialrat *Alexander* nur ein Beispiel genannt habe.

Im Zusammenhang mit dem Begriff der „wesentlichen Änderung" i. S. von § 1 Abs. 3 VLärmSchG fragte Prof. Dr. *Steiner*, Bielefeld, welche Möglichkeiten rechtlicher Behandlung der Referent in dem Falle sehe, daß eine wesentliche Änderung der Geräuschbelastung nicht durch bauliche Maßnahmen, sondern durch solche der Verkehrslenkung verursacht werde.

Prof. Dr. *Hoppe* äußerte Zweifel an der verfassungsrechtlichen Unbedenklichkeit der gesetzlichen Definition der wesentlichen Änderung. Bei der Vielzahl von Ursachen, die heute für eine Lärmsteigerung im gesetzlich vorgesehenen Umfang in Betracht kämen, sei die Reduzierung des Begriffs auf bauliche Maßnahmen willkürlich. Gleichwohl könne eine analoge Anwendung des § 1 Abs. 3 in seiner jetzigen Fassung auf Lärmbelästigungen anderer Art nicht in Betracht kommen, da die gesetzlich eindeutige Bezugnahme auf bauliche Eingriffe keine Übertragungsmöglichkeit auf andere Tatbestände erlaube.

Prof. Dr. *Bartlsperger* leitete die Aussprache zu § 2 Abs. 1 VLärmSchG als nächstem Gesprächsgegenstand über und erinnerte noch einmal an die hierzu eingenommenen unterschiedlichen Standpunkte von Dr. *Fickert* und Prof. Dr. *Hoppe*. Darüber hinausgehend wies er noch auf einen anderen Aspekt der Regelung des § 2 Abs. 1 VLärmSchG hin: Die Möglichkeit, den gesetzlich geregelten aktiven Lärmschutz des § 1 VLärmSchG mit Hilfe des § 2 Abs. 1 S. 1 i. V. m. § 5 Abs. 1 Nr. 3 VLärmSchG administrativ zu unterlaufen.

Prof. Dr. *Hoppe* bestätigte die von Prof. Dr. *Bartlsperger* vorgetragenen Bedenken. Auch er sah die Gefahr, daß der aktive Lärmschutz, so wie er in § 1 des Gesetzentwurfs geregelt ist, durch neue, im Verordnungsweg gemäß § 5 VLärmSchG festzulegende Grenzwerte des passiven Schallschutzes umgangen werden könnte. Entscheidend sei deshalb, von welchen Grenzwerten in der zu erlassenden Rechtsverordnung ausgegangen werde.

Ministerialrat Dr. *Fickert* teilte die Vorbehalte von Prof. Dr. *Bartlsperger* und Prof. Dr. *Hoppe* wegen seiner grundsätzlich anderen Auffassung über die Rechtsnatur des § 2 VLärmSchG nicht. Seiner Meinung nach gibt es nur einen einheitlichen Immissionsgrenzwert, an dem sowohl die Maßnahmen des aktiven wie des passiven Schallschutzes ausgerichtet sein müßten. Es sei daher nicht Sache der Verordnung, neue Grenzwerte aufzustellen, sondern zu regeln, welches die notwendigen Schutzmaßnahmen an baulichen Anlagen seien. Prof. Dr. *Hoppe* sei zwar zuzugeben, daß zur Bestimmung des Begriffs der „Notwendigkeit" im Sinne von §§ 2 Abs. 1 Satz 2, 5 Abs. 1 Nr. 3 VLärm-

SchG Grenzwerte für den Innengeräuschpegel ermittelt werden müßten; diese müßten jedoch auf der Basis der in § 1 Abs. 2 VLärmSchG festgelegten Grenzwerte bestimmt werden.

Verfassungsrechtliche Zweifel an der Ordnungsmäßigkeit der Ermächtigungsgrundlage der nach § 5 VLärmSchG zu erlassenden Rechtsverordnung brachte Prof. Dr. *Blümel*, Speyer, zum Ausdruck. So sei zweifelhaft, ob die Erhöhung der Immissionsgrenzwerte für Schienenwege dem Verordnungsgeber zur Regelung vorbehalten bleiben dürfte, wie dies in § 5 Abs. 1 Nr. 2 VLärmSchG geschehen ist. Als höchst problematisch müsse auch die Ermächtigung angesehen werden, die in § 5 Abs. 1 Nr. 4 VLärmSchG erteilt ist. Danach sei der Verordnungsgeber befugt, die Anlagen zum VLärmSchG, also Bestandteile des Gesetzes selbst, durch Rechtsverordnung zu ändern, wenn neue technische Erkenntnisse gegeben seien.

Auch Prof. Dr. *Hoppe* äußerte verfassungsrechtliche Vorbehalte an der Verordnungsermächtiggung des § 5 VLärmSchG und wies darauf hin, daß auf die von Prof. Dr. *Blümel* aufgeworfenen Rechtsfragen auch schon der Verwaltungsrechtsausschuß des deutschen Anwaltsvereins aufmerksam gemacht habe.

Vor der Überforderung des Gesetzgebers mit Detailregelungen warnte Oberregierungsrat *Reichmann*. Es genüge, wenn dieser die Immissionsgrenzwerte festlege und alle unmittelbar anwendungsbezogenen Regelungen, wozu auch die Konkretisierung unbestimmter Begriffe, wie „untunlich, mit öffentlichen Belangen unvereinbar" usw. gehöre, der Exekutive überlasse, die hierin über reiche Erfahrung verfüge. Letztlich sei es eine Frage der gesetzgeberischen Wertung, ob er die Normierung des Geräuschpegels im Innenraum für so bedeutsam ansehe, daß er sie im Gesetz behandeln müsse oder ob er sie einer Verordnungsregelung vorbehalte. Hinsichtlich der von Prof. Dr. *Blümel* konkret benannten Zweifelsfragen, habe zu § 5 Abs. 1 Nr. 2 VLärmSchG die Bundesregierung angekündigt, daß sie nach Abschluß der Untersuchungen über den Schienenverkehrslärm eine gesetzliche Festlegung des Immissionsgrenzwertes nachtragen werde. Zu § 5 Abs. 1 Nr. 4 VLärmSchG habe Hamburg im Bundesrat Anträge gestellt, die den Bedenken von Prof. Dr. *Blümel* Rechnung trügen.

Auch Ministerialrat *Schroeter*, Bonn, bestätigte die Absicht der Bundesregierung, die Immissionsgrenzwerte für den Schienenverkehr gesetzlich verankern zu lassen, sobald ausreichend Erkenntnisse hierüber vorliegen. Für die Aufschiebung der Regelung bis zum Erlaß einer Rechtsverordnung sei daher allein der unzureichende Informationsstand ursächlich. Der gleiche Gesichtspunkt sei maßgeblich dafür, daß die Vorschriften über Art und Umfang der notwendigen Lärmschutzmaßnahmen an baulichen Anlagen der verordnungsweisen Regelung vorbehalten seien. Beim derzeitigen Informationsstand über die Auswirkungen aktiver Lärmschutzeinrichtungen, die physikalischen Bedingungen des Lärms sowie über den Umfang und die Qualität des von den Betroffenen gewünschten Lärmschutzes sei für den Gesetzgeber nur die Festlegung eines unter dem Immissionsgrenzwert liegenden Mittelungspegels möglich, nicht aber eine auch dem Einzelfall gerecht werdende Normierung.

In den von Ministerialrat *Schroeter* gebrauchten Argumenten sah Prof. Dr. *Hoppe* eine Bestätigung seiner gegenüber der Verordnungsbefugnis des § 5 Abs. 1 Nr. 3 VLärmSchG vorgebrachten Bedenken. Da unstreitig davon ausgegangen werden könne, daß der Umfang der notwendigen passiven Lärmschutzmaßnahmen sich nach der Differenz zwischen dem Geräuschaußenpegel und dem Innenpegel bestimmte, komme der Festlegung der Grenzwerte im Gebäudeinneren maßgebliche Bedeutung zu, der die Überlassung der entsprechenden Regelung an die Exikutive nicht gerecht werde. Auch hier, nicht nur bei den äußeren Immissionsgrenzwerten, sei der Gesetzgeber zu einer politischen Entscheidung aufgerufen.

Unter teilweiser Abweichung von seinen vorausgehenden Diskussionsbeiträgen räumte Dr. *Fickert* ein, daß im weiteren Verlauf der parlamentarischen Beratung der Entwurf eines VLärmSchG um eine Bestimmung über die Immissionsgrenzwerte im Gebäudeinneren ergänzt werden sollte. Anhand praktischer Beispiele demonstrierte er die enormen Schwierigkeiten, die sich der Auffindung geeigneter Grenzwerte von den technischen Möglichkeiten aber auch den medizinischen Anforderungen entgegenstellen.

Auf ein besonderes Problem der Rechtsschutzgewährung im Zusammenhang mit der immissionsrechtlichen Auflagenregelung beim Neubau von Verkehrsanlagen, wies der Vizepräsident des Verwaltungsgerichts Kassel *Walter Bätzing* hin: Die Notwendigkeit bei der gerichtlichen Beweisaufnahme von hypothetisch ermittelten Immissionswerten ausgehen zu müssen, die, trotz entsprechender gutachterlicher Untermauerung sich häufig als unzutreffend herausstellten, wenn die Verkehrsanlage fertiggestellt sei. In diesen Fällen müßte rechtliche Gewähr für nachträgliche Abhilfemaßnahmen geboten werden.

Prof. Dr. *Hoppe* stellte in seinem Schlußwort mit Befriedigung fest, daß die Notwendigkeit einer gesetzlichen Regelung der Werte des Innengeräuschpegels auch von Dr. *Fickert* anerkannt werde und daß insoweit die Aussprache vollständige Übereinstimmung, trotz abweichender Standpunkte in der grundsätzlichen rechtlichen Qualifizierung des Gesetzentwurfs ergeben habe. Für viele in der Diskussion vermittelte wertvolle Anregungen bedankte sich Prof. Dr. *Hoppe* mit dem Versprechen, sie bei seiner Anhörung vor den zuständigen Bundestagsausschüssen zu verwerten.

Der Diskussionsleiter bedauerte, daß aus Zeitgründen keine Gelegenheit mehr zu einer Aussprache zum Gegenstand „Lärmschutz an bestehenden Bundesstraßen“ verblieben sei. Mit seinem herzlichen Dank an den Referenten und dem Wunsch, daß die Ergebnisse dieser Aussprache die Bedeutung der vom Referenten vor den Bundestagsausschüssen abzugebenden Stellungnahme noch erhöhen möge, schloß der Diskussionsleiter die Aussprache ab.

Auswirkungen des Verkehrslärmschutzgesetzes auf die Städte

Von Thomas Muthesius

I. Überlegungen zum Regierungsentwurf für ein Gesetz zum Schutz gegen Verkehrslärm an Straßen und Schienenwegen

Nachdem Herr Professor Hoppe gestern nachmittag im wesentlichen die rechtlichen Probleme des Gesetzentwurfs zum Schutz gegen Verkehrslärm beleuchtet hat, will ich heute den Versuch unternehmen, Antworten auf die Frage zu finden, inwieweit das Verkehrslärmschutzgesetz in seiner von der Bundesregierung konzipierten Form in der Lage ist, einen wirksamen Beitrag zur Bekämpfung des Verkehrslärms in unseren Städten und Gemeinden zu leisten. Ich werde dabei über die rechtliche Problematik einer gesetzlichen Regelung hinaus auch politische und praktische Fragen ansprechen. Ich will auch deutlich machen, was mit dem Gesetz zum Schutz gegen Verkehrslärm an Straßen und Schienenwegen nicht geleistet werden kann, welche Maßnahmen darüber hinaus erforderlich sind, um ein menschenwürdiges Leben in der Stadt zu ermöglichen, wozu auch der Schutz vor unzumutbaren Geräuschbelästigungen durch den Verkehr gehört. Insofern sehen Sie es mir bitte nach, wenn ich mich nicht streng an das angekündigte Thema halte, das schon vor mehreren Monaten in seiner Formulierung festgelegt wurde.

1. Das ungelöste Problem des unzumutbaren Lärms, der von vorhandenen Verkehrswegen ausgeht

Lassen Sie mich zur Einstimmung ein Zitat verwenden, das ich einer Sendung des Fernsehprogramms der ARD vom 4. August 1978 entnommen habe, die den Titel trug „Das Milliardenmißverständnis — Vom Straßennetz zur asphaltierten Landschaft“: „Die Geschichte der bundesdeutschen Straßenverkehrspolitik ist die Geschichte eines Fiaskos. Etwa 15 Milliarden Mark werden jedes Jahr in den Straßenbau gepumpt. Es mag dahingestellt bleiben, ob das 5 oder 10 Milliarden zu viel sind. Das bundesdeutsche Straßennetz ist bereits so engmaschig wie kaum ein anderes. Landschaft und Natur vertragen keine weitere Asphaltierung mehr. Wir brauchen keine neuen Straßen mehr. Die vorhandenen reichen aus. Heute und in Zukunft. Eine Verkehrspolitik, die die Zukunft ignoriert, setzt sich dem Verdacht aus, machtlos oder feige oder beides zu sein. Aus Angst vor Konflikten mit der mächtigen Autolobby. Eine der größten Interessengemeinschaften der westlichen Welt. Unabhängige Verkehrspolitik wird heute fast nur noch von Bürgerinitiativen und Naturschutzverbänden gemacht."

Diese provozierenden Aussagen sind sicherlich absichtsvoll überspitzt und polemisch ausgefallen, sie kennzeichnen dennoch zu einem gewissen Grade eine heute nicht mehr selten anzutreffende Stimmung in der Bevölkerung und auch bei einigen Stadt- und Verkehrsplanern. Damit bin ich bereits bei einem außerordentlich wichtigen Punkt des Verkehrslärmschutzgesetzes angelangt. Ein entscheidender Mangel des Regierungsentwurfs besteht darin, daß er neben dem Neubau und der wesentlichen Änderung von Verkehrswegen das Problem des Lärms, der von vorhandenen Straßen ausgeht, nur lückenhaft regelt und Schienenverkehrslärm, verursacht von vorhandenen Strecken, ganz ausklammert. Ich meine den § 6 des Regierungsentwurfs[1], der einen Schutz vor Verkehrslärm nur an bestehenden Bundesfernstraßen in der Baulast des Bundes, bei denen der Mittelungspegel 75 dB (A) am Tage oder 65 dB (A) in der Nacht übersteigt, nach Dringlichkeit und nach Maßgabe der jeweils im Bundeshaushalt bereitgestellten Mittel innerhalb der nächsten 15 Jahre vorsieht. Diese Regelung ist absolut unzulänglich. Sie läßt die Masse der Bevölkerung, die unter Verkehrslärm leidet, ungeschützt. Die Störungen durch Straßen- oder Schienenverkehrslärm werden überwiegend von vorhandenen stark belasteten Verkehrswegen verursacht, nicht von Neubau- oder Ausbaumaßnahmen der letzten Jahre. Die Zeit des großen Straßen- und Eisenbahnbaus, der auch gewachsene Wohnstrukturen zerschneidet oder doch stark verändert, ist weitgehend vorbei. Wenn ein entscheidender Beitrag des Gesetzgebers zur Verbesserung der Lebensqualität geleistet werden soll, muß nach Auffassung der Städte die im § 6 vorgesehene Regelung auf sämtliche vorhandenen Straßen und auch Schienenverkehrswege ausgedehnt werden: Kein Bürger würde es verstehen, daß der Schutz vor unzumutbarem Verkehrslärm von der aus seiner Sicht zufälligen Baulastträgerschaft für diese Straße abhängig sein soll. Die im Regierungsentwurf vorgesehene Regelung würde nämlich dazu führen, daß es in den Städten und Gemeinden zwei Typen von Straßen gäbe: Solche, die als Ortsdurchfahrt von Bundesstraßen in der Baulast des Bundes Schallschutz- und Ausgleichsansprüche der Bürger auslösen würden und andere genauso oder gar stärker belastete Hauptverkehrsstraßen, die als kommunale Straßen solche Ansprüche nicht

---

1 Entwurf eines Gesetzes zum Schutz gegen Verkehrslärm an Straßen und Schienenwegen — Verkehrslärmschutzgesetz — (VLärmSchG) — Bundestagsdrucksache 8/1671.

entstehen lassen würden. Ein solcher Zustand könnte von den Städten politisch nicht durchgestanden werden, auch würde wahrscheinlich die Rechtsprechung eine so geartete Wertentscheidung des Gesetzgebers zum Anlaß nehmen, die für Bundesstraßen geltende Regelung auf andere Straßen zu übertragen. Ebenso hätte kein Bürger Verständnis dafür, daß zwar die Allgemeinheit für unzumutbaren Lärm, der von bestimmten vorhandenen Straßen ausgeht, verantwortlich gemacht wird, jedoch der Betroffene, der überlauten Schienenverkehr ertragen muß, von der Gemeinschaft alleingelassen wird.

Sollte der Gesetzgeber alle vorhandenen Verkehrswege, wie es nicht nur von uns gefordert wird, in die gesetzliche Regelung einbeziehen, — ich meine übrigens, daß er an dieser Entscheidung nicht vorbeikommen wird —, so stellt sich die Frage nach der Höhe der Immissionsgrenzwerte. Der Gesetzentwurf der Bundesregierung differenziert bei den Immissionsgrenzwerten für den Neubau und die wesentliche Änderung nach den unterschiedlichen Baugebietsarten[2]. Bei der vorgesehenen Regelung über die vorhandenen Bundesfernstraßen liegen die Grenzwerte höher und werden lediglich nach Tag und Nacht differenziert[3]. Im Prinzip halte ich diese Entscheidung für richtig. Bei den vorhandenen Verkehrswegen kann es augenblicklich mit Rücksicht auf die Finanzlage der öffentlichen Haushalte nur darum gehen, für die Bürger unzumutbare Geräuschbelästigungen, die sich nachhaltig negativ auf das Wohlbefinden auswirken, zu vermeiden. Diese Differenzierung ist gerechtfertigt, weil hier eine Unterscheidung vorgenommen wird, wie sie in der Rechtsentwicklung bei öffentlich-rechtlichen Schutzvorschriften häufig getroffen wird: Für künftiges Handeln sollen höhere Ansprüche gelten als bei der Korrektur von Mängeln aus der Vergangenheit. Es sollte allerdings erwogen werden, die Werte für die vorhandenen Verkehrswege im Laufe der Zeit niedriger anzusetzen, um damit langfristig eine Angleichung an die Werte für Neubaumaßnahmen zu erreichen. Der Bundesgesetzgeber könnte eine solche gesetzgeberische Absicht im Verkehrslärmschutzgesetz durch einen entsprechenden Programmsatz zum Ausdruck bringen.

2. Zur Frage der Höhe der Immissionsgrenzwerte beim Neubau und der wesentlichen Änderung von Verkehrswegen

Neben der von mir angesprochenen Frage der Einbeziehung der vorhandenen Verkehrswege in eine eingeschränkte Schallschutzregelung

[2] Vgl. § 1 Abs. 2 des Regierungsentwurfs, der reine und allgemeine Wohngebiete sowie Kleinsiedlungsgebiete zusammengefaßt, Kerngebiete, Dorfgebiete, Mischgebiete und besondere Wohngebiete mit einem um 5 db (A) niedrigeren Schutz versieht und schließlich Gewerbe- und Industriegebiete erst schützt, wenn der Mittelungspegel am Tage 75 dB (A) oder in der Nacht 65 dB (A) übersteigt.

[3] Vgl. § 6 des RegEntwurfs.

wird die Höhe der im Gesetz festzulegenden Immissionsgrenzwerte *das* zentrale Problem sein, über das politisch gestritten werden wird[4]. Soweit mir bekannt ist — und ich beziehe dabei die Ergebnisse des AICB-Kongresses, der vor zwei Wochen in Baden-Baden stattfand[5], mit ein — sieht sich kein Mediziner oder Psychologe in der Lage, einen Grenzwert im Bereich des Spektrums auftretender Verkehrsgeräusche, also etwa zwischen 40 und 80 dB (A) äquivalentem Dauerschallpegel, zu nennen, bei dessen Überschreitung Gefahren für die Gesundheit des Menschen auftreten. Dies liegt daran, daß über die medizinische Relevanz der lediglich vegetativ in Erscheinung tretenden Lärmwirkungen bis heute nicht wirklich Abgesichertes ausgesagt werden kann. Der bekannte und leider allzu früh verstorbene Mediziner und Lärmwirkungsforscher Klosterkötter hat die vorliegenden Untersuchungsergebnisse wie folgt zusammengefaßt[6]: „Lärmeinwirkung kann leistungsverbessernd, leistungsneutral und leistungsverschlechternd sein. Das hängt von vielen Faktoren ab wie Lautstärke, Frequenzspektrum, Zeitstruktur, Homogenität oder Inhomogenität der Geräusche, Pegelschwankungen und deren Modulationstiefe, Informations- und Bedeutungsgehalt, Persönlichkeitsmerkmale, Schwierigkeitsgrad der Leistungsanforderung, Anzahl der geistigen, psychomotorischen und motorischen Beanspruchung u. ä." Einig sind sich die meisten Lärmwirkungsforscher lediglich darin, daß bei Außenpegeln zwischen 55 und 60 dB (A) am Tage der Prozentsatz derjenigen, die sich erheblich gestört fühlen, deutlich ansteigt, nämlich auf etwa 10 bis 15 % des befragten Kollektivs. Dem korrespondieren um 5 dB (A) niedrigere Nachtwerte[7].

Auf der ganz sicheren Seite läge man also, wenn man Immissionsgrenzwerte festsetzen würde, die am Tage bei 55 dB (A) und in der Nacht bei 45 dB (A) lägen. Dies sind auch die Werte, die das Bundesverwaltungsgericht in seinen bekannten Entscheidungen vom 21. Mai 1976 für von anderen Störfaktoren nicht vorbelastete Wohngebiete genannt hat[8]. Nun ist jedoch jedem, der mit der hier behandelten Materie einigermaßen vertraut ist, bekannt, daß derartig niedrige Immissionsgrenzwerte — sie würden um 10 dB (A) niedriger liegen als

---

[4] Vgl. Muthesius, Verkehrslärmschutzgesetz: Seine Bedeutung für die Städte, in Der Städtetag 1978, S. 192 - 195 (195).

[5] 10. Internationaler Kongreß „Verkehrslärmbekämpfung" des AICB (Association Internationale Contre le Bruit) vom 2. bis 6. 10. 1978 in Baden-Baden.

[6] Klosterkötter, W., G. Jansen und F. Gono: Untersuchungen zur psychologischen und physiologischen Auswirkung von Schallbelastungen durch Straßenverkehr. Essen, 14. 6. 1972, Studie im Auftrag der EWG.

[7] Vgl. etwa Klosterkötter, Kritische Anmerkungen zu einer „Zumutbarkeitsgrenze" für Beeinträchtigungen durch Straßenverkehrslärm, in Kampf dem Lärm 1974, S. 29 - 39 (35).

[8] DVBl. 1976, S. 779 - 788.

die im Regierungsentwurf für Wohngebiete vorgesehenen Geräuschwerte und damit praktisch doppelt so strenge Schutzanforderungen bedeuten — einfach nicht zu finanzieren sind. Der Arbeitskreis „Kosten der Schallschutzmaßnahmen", in dem Experten von Bund, Ländern und Gemeinden mitwirkten, hat in seinen Schätzungen vom Februar 1977 diesen Fall gar nicht erfaßt, weil derartig niedrige Immissionsgrenzwerte offenbar völlig utopisch erschienen. Aus heutiger Sicht sind diese Pegel zwar gar nicht mehr so absurd — man denke an die Äußerungen von Umweltpolitikern der SPD- und FDP-Bundestagsfraktionen, die vor einigen Wochen in der Presse zu lesen waren[9] —, doch haben sie wohl letztlich, vor allem auch im Hinblick auf den Bundesrat, keine echte Chance der Verwirklichung. Immerhin läßt sich hinsichtlich der Kosten mit einiger Vorsicht sagen, daß solche Grenzwerte, also 55 dB (A) am Tage und 45 dB (A) in der Nacht, allein die Gemeinden mit *jährlich* etwa 2 Mrd. DM belasten würden.

Bei der Diskussion über die Höhe der Immissionsgrenzwerte spielt beileibe nicht nur der finanzielle Aspekt eine Rolle. Sollten die Anforderungen des Verkehrslärmschutzgesetzes an die Baulastträger der Verkehrswege verschärft, d. h. wesentlich niedrigere Immissionsgrenzwerte als im Regierungsentwurf vorgesehen, festgesetzt werden, so entstehen Folgen für die Stadtstrukturen, die in ihren negativen Auswirkungen nicht ernst genug beurteilt werden können: Da Tunnellösungen auch in Zukunft nur in Ausnahmefällen in Betracht kommen werden, müßten neue Hauptverkehrsstraßen in kastenartigen Verschlägen, die das Stadtbild zerstören und noch größere Trennwirkungen als die bisherigen Verkehrswege zur Folge haben, geführt oder in einem derartigen Abstand von schutzbedürftiger Bebauung angelegt werden, daß sie vom Verkehrsteilnehmer nicht mehr angenommen werden und außerdem zu einer nicht zu rechtfertigenden Inanspruchnahme von Freiflächen führen würden. Schon jetzt gibt es Beispiele von Lärmschutzmaßnahmen in unserem Land, die auch von den Bürgern, die vor dem Verkehrslärm geschützt werden sollen, als unzumutbare Lösungen abgelehnt werden[10]. Und ein weiterer wichtiger Gesichtspunkt kommt hinzu: Die Abschirmwirkung von aktiven Schutzmaßnahmen am Verkehrsweg, gemeint sind Wände und Wälle, ist aufgrund physikalischer Gegebenheiten begrenzt. Infolge von Beugungseffekten, Windinversion und Luftinversion sind Pegelminderungen über 10 dB (A) nur in besonders günstigen Fällen erreichbar[11]. Eine nen-

[9] Frankfurter Allgemeine Zeitung vom 12. 8. 1978, Die Welt vom 14. 8. 1978 und Kölner Stadtanzeiger vom 3. 10. 1978.

[10] Vgl. Bericht der Projektgruppe Lärmbekämpfung, herausgegeben vom Umweltbundesamt Berlin, Juni 1978, Abschlußbericht des Arbeitskreises 11 „Straßenverkehrslärm", S. 154.

[11] Vgl. Stellungnahme von Prof. Dr. Stolz, Wuppertal, vom 29. 8. 1978 zum Fragenkatalog des Verkehrsausschusses des Deutschen Bundestages.

nenswerte Senkung der Immissionsgrenzwerte würde also die physikalisch bedingten Grenzen der aktiv wirkenden Schutzmöglichkeiten mißachten und damit eine Tendenz zum passiven Schallschutz bewirken, der für die Außenwohnbereiche wie Gärten, Terrassen und Balkone keinerlei Verbesserungen ermöglicht. Um es deutlich zu sagen: Zu niedrig bemessene Immissionsgrenzwerte würden einen wünschenswerten, weil weitergehenden Schutz der Menschen vor Verkehrslärm auch dort häufig unmöglich machen, wo an sich aktiver Schallschutz wegen der städtebaulichen Gegebenheiten durchführbar wäre. Im Ergebnis würden sie auch den Neubau von Entlastungs- und Umgehungsstrecken hindern und damit die Lärmbelastung an den vorhandenen Verkehrswegen verfestigen, die in den meisten Fällen nachhaltig nur durch Neubau an anderer Stelle und mit angemessenem Lärmschutz verringert werden kann.

3. Die zu erwartenden Kosten des Gesetzes und ihre Finanzierung

Erlauben Sie mir in diesem Zusammenhang auch einige Bemerkungen zur Finanzierung der Kosten, die durch das Verkehrslärmschutzgesetz auf die Städte und Gemeinden zukommen werden. Es besteht kein Streit darüber, daß die Kommunen mit Abstand die Hauptbetroffenen des Gesetzes sein werden, was die zu tragende Finanzlast angeht[12]. Allerdings gehen die Auffassungen über die Kostenhöhe bei Zugrundelegung unterschiedlicher Annahmen — übrigens nicht nur hinsichtlich der Immissionsgrenzwerte, sondern auch anderer kostenrelevanter Regelungstatbestände — zwischen der Bundesregierung einerseits und den kommunalen Spitzenverbänden andererseits relativ weit auseinander. Aus Zeitgründen kann ich jedoch auf diese Einzelheiten an dieser Stelle nicht eingehen. Unter Berücksichtigung der im Gesetzentwurf der Bundesregierung vorgesehenen Lärmschutzwerte und ausgehend von der Notwendigkeit, Schallschutzmaßnahmen nicht nur beim Neubau und der wesentlichen Änderung von Verkehrswegen, sondern auch bei vorhandenen Verkehrswegen vorzusehen, ergeben sich nach unserer Auffassung kommunale Kosten in einer Größenordnung von etwa 800 Mio. DM jährlich[13]. Diese zusätzlichen Kosten übersteigen bei weitem das finanzielle Leistungsvermögen der Kommunen, weil, nur um den wichtigsten Grund zu nennen, die Investitionsausgaben der Kommunen des Jahre 1977 nur zu 4,2 Mrd. DM oder rd. 14,6 % aus eigener Kraft, d. h. aus dem Überschuß der Einnahmen über die Ausgaben im Verwaltungshaushalt abzüglich bestehender

[12] Begründung zum Regierungsentwurf eines Verkehrslärmschutzgesetzes, Bundestagsdrucksache 8/1971, S. 19.

[13] Vgl. Stellungnahme des Deutschen Städtetages vom 25. 8. 1978 zum Fragenkatalog des Verkehrsausschusses des Deutschen Bundestages — Umdruck Nr. M 4059 —.

Tilgungsverpflichtungen finanziert werden konnten und eine noch niedrigere Selbstfinanzierungsquote unvertretbar wäre. Müßten die Kommunen die zusätzlichen Lärmschutzausgaben in Höhe von etwa 800 Mio. DM jährlich selber tragen, so müßte dies zwangsläufig zu Lasten anderer kommunaler Investitionen gehen. Um die möglichen Folgen zu illustrieren, sei nur darauf hingewiesen, daß die Städte, Gemeinden und Kreise im Jahre 1975 Sachinvestitionen in Höhe von 797,5 Mio. DM für Berufsschulen oder 814,2 Mio. DM für Badeanstalten oder 924,4 Mio. DM für Einrichtungen der Jugendhilfe und Kindergärten getätigt haben. Hier handelt es sich also um Beträge, die jeweils größenordnungsmäßig den nunmehr hinzukommenden Lärmschutzinvestitionskosten entsprechen.

Bei der Suche nach einem geeigneten finanziellen Ausgleich sollte zunächst die generelle Frage gestellt werden, ob hierfür eine Verstärkung der allgemeinen Deckungsmittel oder eine Ausweitung bestehender Mischfinanzierungstatbestände, hier des Gemeindeverkehrsfinanzierungsgesetzes, vorgesehen werden soll. Aus der Sicht des Deutschen Städtetages ist grundsätzlich der Aufstockung der allgemeinen Finanzmittel, insbesondere der eigenen kommunalen Steuereinnahmen, der Vorzug gegenüber einer Ausweitung bestehender oder der Schaffung neuer Mischfinanzierungstatbestände zu geben, zumal allgemein die Kritik an der Undurchsichtigkeit und Kompliziertheit bestehender Gemeinschaftsfinanzierungen wächst. Eine Erhöhung des kommunalen Einkommensteueranteils von derzeit 14 auf 15 v.H. würde im Jahre 1979 zu Mehreinnahmen von 1,31 Mrd. DM führen, die bis zum Jahre 1982 auf Mehreinnahmen in Höhe von 1,77 Mrd. DM anwachsen würden. Rundgerechnet wäre also zum Ausgleich zusätzlicher kommunaler Lärmschutzkosten eine Erhöhung des kommunalen Einkommensteueranteils auf 14,5 v.H. erforderlich, wobei allerdings darauf hingewiesen werden muß, daß die derzeitige und absehbare Verteilungspraxis des Einkommensteueranteils die Großstädte und Städte in Verdichtungsräumen tendenziell benachteiligen würde, weil bei diesen die Hauptlasten aus dem Verkehrslärmschutzgesetz entstehen, aber nicht in gleicher Weise Entlastungseffekte durch den erhöhten Einkommensteueranteil geschaffen würden.

Aus praktischen und der Durchsetzbarkeit Rechnung tragenden Gründen dürfte es sich dennoch eher empfehlen, das Gemeindeverkehrsfinanzierungsgesetz mit dem Ziel zu ändern, sowohl Lärmschutzmaßnahmen an bestehenden Straßen als auch an bestehenden Schienenwegen aus den Mitteln des Gemeindeverkehrsfinanzierungsgesetzes zu finanzieren. Da der Bund gemäß § 4 Abs. 1 GVFG in der Regel nur 60 % der zuwendungsfähigen Kosten bezuschußt, die Länder aber ohne gesetzliche Grundlage unterschiedliche Komplementärfinanzierungszuschüsse leisten, die von 0 bis etwa 30 % reichen, sollten, um eine solide und gesicherte Finanzierung durch die Kommunen zu erreichen, der Bundesanteil auf mindestens 80 % erhöht werden. Verfassungsrechtliche Bedenken, die einer Einbeziehung der Förderung von Lärmschutzmaßnahmen an vorhandenen Verkehrswegen in das Gemeindeverkehrsfinanzierungsgesetz entgegenstehen könnten, sehe ich im Gegensatz zum Bundesfinanzministerium nicht.

Angesichts der von mir genannten außerordentlich hohen Summen, die zukünftig jährlich für Schallschutzmaßnahmen allein im kommunalen Bereich eingesetzt werden müssen, müssen die zweckgebundenen Mittel nach dem Gemeindeverkehrsfinanzierungsgesetz unbedingt aufgestockt werden. Anderenfalls würden die GFVG-Gelder durch die neue Aufgabe „Schallschutz" weitgehend aufgezehrt, so daß die Programme für den kommunalen Straßenbau und zur Förderung des öffentlichen Personennahverkehrs in unvertretbarer Weise eingeschränkt werden müßten.

Ich möchte im folgenden noch auf einige weitere wichtige Fragen des Gesetzentwurfs eingehen, nämlich darauf, ob auch Industriegebiete und der Außenbereich vor Verkehrslärm geschützt werden sollen, ob eine Planungsvorschrift im Sinne des § 3 a des Vorschlages des Bundesrates in das Gesetz Aufnahme finden sollte, ob das Gesetz neben den Immissionsgrenzwerten auch Planungsrichtpegel festsetzen sollte, ob dem Schienenverkehr ein sogenannter Bonus einzuräumen ist und schließlich, ob eine Beteiligung der Grundstückseigentümer an den Schallschutzkosten angezeigt erscheint.

4. Zur Frage des Schutzes von Industriegebieten und des Außenbereichs

Industriegebiete sollten vom Lärmschutz ausgenommen werden. Sie gehören nicht zu den Baugebieten, auf die die Straßenplanung aus dem Gesichtspunkt des Verkehrslärms besondere Rücksicht nehmen muß, weil dort das Wohnen grundsätzlich nicht zulässig ist. Die ausnahmsweise zugelassenen Wohnungen für Aufsichts- und Bereitschaftspersonen sowie für Betriebsinhaber und Betriebsleiter müssen gegen die Immissionen, die von den Gewerbebetrieben ausgehen, ohnehin in besonderer Weise geschützt werden. Im übrigen entspricht es anerkannten Planungsgrundsätzen, Verkehrswege möglichst im Außengebiet oder in bzw. angrenzend an Industriegebiete zu führen, um Umweltbelastungen der schützenswerten Gebiete zu vermeiden.

Ich vertrete auch die Auffassung, daß bauliche Anlagen im Außenbereich, mit Ausnahme besonders schutzbedürftiger zugelassener baulicher Anlagen wie Krankenhäuser, Sanatorien und Kureinrichtungen grundsätzlich nicht vor Verkehrslärm geschützt zu werden brauchen.

Ähnlich wie bei Industriegebieten kann auch im Außenbereich der Lärmschutz nur nach der besonderen Lage des einzelnen Falles beurteilt werden. Der Außenbereich ist grundsätzlich weder zum Wohnen noch sonst zum dauernden Aufenthalt von Menschen bestimmt. Demgegenüber sind Straßen, vor allem überörtliche Straßen, Einrichtungen, die im Außenbereich nicht nur zulässig sind, sondern die im Interesse des Schutzes von Baugebieten möglichst auf den Außenbereich verwiesen werden sollen. Anders als im Innenbereich sind bauliche Anlagen im Außenbereich, auch wenn sie nach § 35 BBauG zulässig sind, dem der Sozialbindung des Eigentums immanenten Risiko ausgesetzt, daß der Außenbereich von anderen raumbedeutsamen Planungen, die Immissionen verursachen können, in Anspruch genommen wird. Der konkrete Konfliktfall mit einer schützenswerten Nutzung im Außenbereich, wenn es z. B. um ein Erholungsgebiet oder um einen Bauernhof geht, kann nicht schematisch anhand fester Immissionsgrenzwerte, sondern nur auf der Grundlage der allgemeinen Planungsgrundsätze in einem Abwägungsprozeß gelöst werden, zumal dabei oft sehr wichtige sonstige Gesichtspunkte, etwa des Landschaftsschutzes, des Schutzes von Wassereinzugsgebieten und der landwirtschaftlichen Nutzung eine Rolle spielen. Im übrigen darf nicht verkannt werden, daß umfangreichere bauliche Nutzungen innerhalb des Außenbereichs planungsrechtlich als Innenbereich gelten und damit den Schutzvorschriften des Gesetzes voll unterliegen.

5. Welche Vorteile hätte eine eigenständige Planungsvorschrift im Gesetz?

Die vom Bundesrat in seiner Stellungnahme vom 17. Februar 1978[14] vorgeschlagene Planungsvorschrift des § 3 a ist aus meiner Sicht zu begrüßen. Sie lautet: „Straßen und Schienenwege sind so zu planen, daß die Einwirkungen des von ihnen ausgehenden Verkehrslärms auf die ausschließlich oder überwiegend dem Wohnen dienenden Gebiete sowie auf sonstige schutzbedürftige Gebiete und Flächen so weit wie möglich vermieden werden." Die Vorschrift sollte ergänzt werden um den Satz: „§ 1 Abs. 7 BBauG bleibt unberührt." Ich halte diese Klarstellung für erforderlich, um die Notwendigkeit der Abwägung mit anderen Belangen, die dem Schutz vor Verkehrslärm entgegenstehen könnten, hervorzuheben. Die Aufnahme der genannten Planungsvorschrift in das Gesetz hätte insbesondere den Vorteil, daß durch sie ein möglichst weitgehender Lärmschutz auch über die Einhaltung der Immissionsgrenzwerte hinaus ermöglicht würde. Daneben könnten durch die Vorschrift Zweifelsfragen bei der Zuschußgewährung vermieden werden. Ich denke an den Fall, daß an einem kommunalen Verkehrsweg, der über das Gemeindeverkehrsfinanzierungsgesetz gefördert wird, Schall-

[14] Bundestagsdrucksache 8/1671, Anlage B, S. 27.

schutzmaßnahmen von der Gemeinde vorgenommen werden, die in ihrer Wirkung das vom Gesetz noch tolerierte Maß erheblich unterschreiten. Hier könnte die Bewilligungsbehörde die Auffassung vertreten, die Kosten für die Schallschutzmaßnahmen seien nur insoweit zuwendungsfähig, als sie bei Ausrichtung auf die Einhaltung der Immissionsgrenzwerte gekostet hätten. Solche die praktische Durchführung eines Gesetzes belastenden Fragen, die vielen von Ihnen kleinkariert erscheinen mögen, die aber leider, wie leidvolle Erfahrungen zeigen, den Arbeitsalltag häufig bestimmen, sollten unbedingt vermieden werden.

6. Zur Frage der Nützlichkeit von Planungsrichtpegeln im Gesetz

Die Festlegung von Planungsrichtwerten im Gesetz, die naturgemäß niedriger liegen müßten als die Immissionsgrenzwerte im Sinne von § 1 Abs. 2 und § 2 des Regierungsentwurfs halte ich für keine geeignete Maßnahme, um ein Optimum an Schallschutz zu erreichen. Solche Richtwerte für die Planung von Straßen und Schienenwegen könnten sich nämlich ausschließlich auf die Linienführung der Verkehrswege auswirken, da die Entscheidung über aktive und passive Lärmschutzmaßnahmen an den Immissionsgrenzwerten orientiert werden muß. Jede andere rechtliche Konstruktion würde zu unvertretbaren Ergebnissen führen. Bei der Entscheidung über die Linienführung der Verkehrswege müssen aber neben dem Gesichtspunkt des Lärmschutzes viele andere Gesichtspunkte einbezogen werden. Diese Entscheidung entzieht sich deshalb einer schematisch quantitativen Festlegung für alle Fälle. Die Planungsvorschrift des § 50 BImSchG bzw. des § 3 a stellt sicher, daß nach Möglichkeit auch ein höherer Verkehrslärmschutz gewährt wird als er von den Immissionsgrenzwerten her verlangt wird. Dieser Feststellung steht nicht entgegen, daß für die *flächenbezogene* städtebauliche Planung Planungsrichtpegel durchaus in Betracht kommen können[15]. Im Gegensatz zur Planung eines Verkehrsweges geht es hier darum, die unterschiedlichen Nutzungen für ein ganzes Gebiet festzulegen. Der Planungsträger hat in diesen Fällen eine Vielzahl von Möglichkeiten, dem Gesichtspunkt des Schallschutzes, der hier im übrigen sämtliche Lärmemissionen berücksichtigen muß, durch verschiedenartige Planungsmaßnahmen Rechnung zu tragen.

7. Rechtfertigen die Besonderheiten des Schienenverkehrs gegenüber der Straße höhere Immissionsgrenzwerte?

Ich komme jetzt kurz auf die Frage zu sprechen, ob dem schienengebundenen Verkehr ein sogenannter Bonus in Form von gegenüber der Straße erhöhten Immissionsgrenzwerten eingeräumt werden soll,

[15] Vgl. DIN 18005 „Schallschutz im Städtebau", Teil 1, Entwurf April 1976.

weil die Besonderheiten des Schienenverkehrs, insbesondere die Art und die Lästigkeit des von ihm ausgehenden Lärms, die Erhöhung der Grenzwerte möglicherweise rechtfertigen. Ich meine, die Frage kann heute mit einem klaren „Ja" beantwortet werden. Eine im August dieses Jahres veröffentlichte Studie von Prof. Heimerl an der Universität Stuttgart mit dem Titel „Ermittlung der Belästigung durch Verkehrslärm in Abhängigkeit von Verkehrsmittel und Verkehrsdichte in einem Ballungsgebiet" kommt zu eindeutigen Ergebnissen. Nach dem subjektiven Empfinden der betroffenen Anwohner von Verkehrswegen wird der Schienenverkehrslärm gegenüber dem Straßenverkehrslärm gleicher Mittelungspegel sowohl tagüber als auch nachts weniger belästigend beurteilt. Da sich das subjektive Empfinden auch auf das psychische und physische Wohlbefinden auswirkt, ist es gerechtfertigt, den Straßen- und Schienenverkehrslärm unterschiedlich zu bewerten. Nach den Untersuchungen von Heimerl ist der Lästigkeitsunterschied zwischen Schienenverkehrslärm und Straßenverkehrslärm bei niedrigen Schallpegeln höher als bei sehr lauten Geräuschen. Der mittlere Schallpegelunterschied, der in Wohngebieten festgestellt wurde, beträgt bei jeweils gleicher Belästigung 9 dB (A) am Tage bei einem äquivalenten Dauerschallpegel von 55 dB (A) und 6 dB (A) am Tag bei einem äquivalenten Dauerschallpegel von 70 dB (A). Die entsprechenden Unterschiede in der Nacht betragen 10 dB (A) bzw. 7 dB (A). Nach diesen Untersuchungsergebnissen, die aller Voraussicht nach durch weitere Ergebnisse einer ebenfalls von Heimerl Anfang November 1978 vorzulegenden interdisziplinären Feldstudie zur Beurteilung des Verkehrslärms[16] bestätigt werden, besteht kein Grund mehr, für die Aufrechterhaltung des § 5 Abs. 1 Nr. 1 des Regierungsentwurfs, wonach die Bundesregierung ermächtigt werden soll, die Immissionsgrenzwerte für Schienenwege zu erhöhen, wenn und soweit die Besonderheiten des Schienenverkehrs dies rechtfertigen. Der Gesetzgeber selbst sollte vielmehr im § 1 Abs. 2 des Gesetzes die Immissionsgrenzwerte für die Schienenwege gesondert festlegen.

8. Zur Frage der Eigenbeteiligung der Grundstückseigentümer an den Schallschutzkosten

Ich will zum Schluß meiner Ausführungen zum Regierungsentwurf eines Verkehrslärmschutzgesetzes noch auf die wichtige Frage eingehen, ob die Grundstückseigentümer zu den Kosten für Schallschutzmaßnahmen durch einen anteiligen Beitrag herangezogen werden soll-

[16] Interdisziplinäre Feldstudie zur Beurteilung des Verkehrslärms — Besonderheiten des Schienenverkehrslärms gegenüber dem Straßenverkehrslärm; Untersuchung im Auftrag des Bundesverkehrsministers und der Deutschen Bundesbahn vom Planungsbüro Obermeyer, München, unter der Projektleitung von Prof. Dr. Heimerl, Universität Stuttgart.

ten. Sie wissen wahrscheinlich, daß sich in den letzten Jahren und verstärkt in allerjüngster Zeit eine ganze Reihe von Städten in der Bundesrepublik Deutschland dazu entschlossen hat, in Anlehnung an das Vorbild der Landeshauptstadt München Grundstückseigentümern, deren Wohngebäude an besonders lauten Stadtstraßen liegen, auf freiwilliger Basis Zuschüsse zum Einbau schalldämmender Fenster zu gewähren[17]. Die Erfahrungen derjenigen Städte, die Programme solcher Art schon seit einiger Zeit praktizieren, sind außerordentlich gut. Die Zuschüsse zu den Kosten für passiven Schallschutz betragen im Höchstfalle 50 %, in der Regel liegen sie darunter. Wenn es — wie ich hoffe — bald zu einem Verkehrslärmschutzgesetz kommt, und für sämtliche überlauten Straßen eine Lärmsanierung vorgesehen wird, so stellt sich in der Tat die Frage, ob die Grundstückseigentümer zumindest in bestimmten Fällen sich an den Schallschutzkosten beteiligen sollten. Die rechtlichen und praktischen Probleme dieser Fragestellung sind schwierig. Die finanzielle Eigenbeteiligung der Grundstückseigentümer ist meiner Auffassung nach bei einem Verkehrslärmschutz, der durch planerische Maßnahmen, also z. B. durch Führung des Verkehrsweges oder durch aktiven Schallschutz geleistet wird, nur denkbar in der Form des Erschließungsbeitrages nach § 127 Abs. 2 Nr. 5 BBauG oder des Kostenbeitrages nach dem kommunalen Abgabenrecht wegen der wirtschaftlichen Vorteile für den Grundstückseigentümer. In der Praxis wird dies jedoch eine relativ große Ausnahme darstellen, so daß eine besondere, darüber hinausgehende Regelung nicht erforderlich erscheint.

Es bleibt mithin eine Kostenbeteiligung des Grundstückseigentümers bei passiven Schallschutzmaßnahmen am Gebäude. Da es aus der Sicht des Grundstückseigentümers auf Zufall beruht, ob ihm durch aktive oder passive Schallschutzmaßnahmen geholfen wird, läßt sich eine Kostenbeteiligung bei Schutzmaßnahmen am Gebäude jedenfalls nicht aus dem Vorteil durch verbesserten Gebäudeschallschutz rechtfertigen. Sonst müßten die Eigentümer auch stets zu den Kosten der aktiven und planerischen Maßnahmen herangezogen werden.

Allerdings könnte eine Kostenbeteiligung bei passivem Lärmschutz auf die dadurch in der Regel eintretende Wertverbesserung des Gebäudes und auf ersparten Unterhaltungsaufwand gestützt werden, zumal meistens alte Gebäudebestandteile wie Fenster und Türen durch neue ersetzt werden und der Schallschutz auch in anderer Hinsicht, etwa für die Wärmeisolierung, Vorteile bringt. In diesem Fall ergibt sich aber das Problem der Überwälzung dieser Kosten auf die Mieter. Im sozialen Wohnungsbau und überall dort, wo sonst die Kostenmiete

[17] Vgl. Mitteilungen des Deutschen Städtetages Nr. 1080/78 vom 6. 9. 1978.

gilt, ist diese Überwälzung aus Rechtsgründen zwingend notwendig. Damit würden gerade tendenziell die sozial schwachen Mieter belastet, die darüber hinaus zumeist noch einen Rest von Verkehrslärm selbst bei geschlossenen Fenstern ertragen müssen und bei geöffneten Fenstern sowie beim Aufenthalt außerhalb des Gebäudes völlig ungeschützt sind. Eine Beschränkung der Kostenbeteiligung auf Fälle des passiven Schallschutzes an vorhandenen Straßen würde dieses Problem noch verschärfen.

Dennoch erscheint mir nur in diesen Fällen eine Kostenbeteiligung des Grundstückseigentümers vertretbar zu sein. Wird nämlich eine Straße neu gebaut oder wesentlich geändert und kommen aus bestimmten Gründen, die in keinem Fall in der Sphäre des Grundstückseigentümers liegen können, nur passive Lärmschutzmaßnahmen in Betracht, so kann keinem Betroffenen plausibel gemacht werden, daß er neben dem Nachteil des unvollkommenen Schutzes seines Grundstücks auch noch eine Eigenbeteiligung in Kauf nehmen soll, während möglicherweise einige Häuser weiter zu vollen Lasten des Baulastträgers aktiver Lärmschutz am Verkehrsweg durchgeführt werden konnte, der auch die Freiflächen der Grundstücke schützt. Zwischen beiden Fallgestaltungen, nämlich passiver Lärmschutz an Gebäuden, die durch einen neuen oder wesentlich zu ändernden Verkehrsweg betroffen werden, einerseits und passivem Gebäudeschallschutz an vorhandenen Straßen andererseits, besteht auch ein sachlicher Unterschied, der es rechtfertigen würde, eine Kostenbeteiligung auf die zweite Fallgestaltung zu beschränken: Im ersten Fall geht es darum, den Bürger vor einer Verschlechterung der bisherigen Situation zu schützen, während es beim zweiten Fall an einem unmittelbaren, die Situation des Betroffenen verschlechternden Eingriff der öffentlichen Hand fehlt und hier „nur" Mängel aus der Vergangenheit korrigiert werden sollen. Ich meine also, daß eine Beteiligung des Grundstückseigentümers an den Schallschutzkosten nur dann in Betracht kommen kann, wenn es sich um passive Lärmschutzmaßnahmen an vorhandenen Verkehrswegen handelt.

II. Weitere notwendige Maßnahmen zur Bekämpfung des Verkehrslärms

Ein Verkehrslärmschutzgesetz, das wie der Regierungsentwurf allein den Verkehrsweg zum Gegenstand aller beschränkenden Regelungen macht, jedoch die eigentlichen Lärmverursacher, nämlich die Fahrzeuge, überhaupt nicht erfaßt, kann keinen umfassenden Schutz der Bevölkerung vor den negativen Folgen des Verkehrs bewirken, wie jedermann einsehen wird. Dies gilt erst recht dann, wenn auch auf Regelungen in anderen Rechtsmaterien, wie insbesondere im Bau- und Planungsrecht, im Verkehrsordnungs- und Zulassungsrecht verzichtet wird. Die Fachleute sind sich in der Auffassung einig, daß zur wirksamen Bekämpfung des Verkehrslärms, die auch der Breite der Bevölkerung zugute kommen soll, ein ganzes Bündel von aufeinander abgestimmten Planungskonzeptionen und Handlungsmaßnahmen erforderlich ist[18]. Hierzu gehört z. B. vordringlich, daß der Verkehrslärm auch an der Quelle, d. h. an den Fahrzeugen selbst, bekämpft wird. Auch planerische und organisatorische Maßnahmen, verkehrslenkende Regelungen, die Schaffung von Verbotstatbeständen, die in die Freizügigkeit lärmverursachender menschlicher Handlungen eingreifen, sind notwendig. Ebenso gehört hierher die Einrichtung verkehrsberuhigter Zonen in städtischen Wohngebieten als ein geeignetes Mittel zur Verbesserung des Wohnumfeldes, d. h. zur Wiederherstellung der Wohnruhe und zur Rückgewinnung der Straße als Erlebnis- und Kommunikationsbereich. Hier sind entsprechende gesetzgeberische Maßnahmen erforderlich, zu denen der Deutsche Städtetag bereits ausführliche Vorschläge unterbreitet hat[19], die ich Ihnen hier kursorisch noch vortragen möchte. Um Mißverständnissen vorzubeugen, muß ich betonen, daß selbstverständlich auch die Bundesregierung weiß, daß sie mit dem Verkehrslärmschutzgesetz alleine keinen entscheidenden Durchbruch bei der Verkehrslärmbekämpfung erreichen kann. Sie hat daher — unter anderem auch auf Anregung des Deutschen Städtetages — verschiedene Schritte eingeleitet wie z. B. eine Novelle zum Straßenverkehrsgesetz, auf die ich noch zu sprechen kommen werde, die wahrscheinlich im November dieses Jahres vom Bundeskabinett verabschiedet wird.

1. Reduzierung der Geräuschemissionen von Fahrzeugen und Reifen

Lassen Sie mich nun — in der gebotenen Kürze — auf die Einzelheiten eingehen. Der Deutsche Städtetag fordert bereits seit langem daß der Verkehrslärm in erster Linie an der Quelle, also an den lärmverursachenden Kraftfahrzeugen selbst, bekämpft werden muß, weil dies der gesamten Bevölkerung gleichermaßen zugute kommen würde. Dies ist aber, wie Sie wissen, ein schwieriges und weites Feld. Die Experten streiten sich über das Maß des Erreichbaren und über die Höhe der Kosten. Die EG-Richtlinien über den zulässigen Geräuschpegel und die Auspuffvorrichtung von Kraftfahrzeugen, die im Frühjahr 1977 mit Wirkung von 1980 bzw. 1982 um zwei bis sieben dB (A) verschärft wurden[20], fordern von den Kraftfahrzeugherstellern

---

[18] Siehe Fußnote 10. Abschlußbericht des Arbeitskreises 11 „Straßenverkehrslärm“, S. 157.

[19] Lärmschutz in den Städten, Planungs- und Handlungskonzepte für Maßnahmen zur Verkehrsberuhigung und zum Lärmschutz — Beispiele, Hinweise, Empfehlungen, Forderungen. Deutscher Städtetag, Reihe F, DST-Beiträge zur Wirtschafts- und Verkehrspolitik, Heft 2.

längst nicht alles, was mit einem vertretbaren wirtschaftlichen Aufwand technisch möglich wäre. Nach den Ergebnissen der Projektgruppe Lärmbekämpfung, die vom Bundesinnenminister im Frühjahr 1977 gebildet wurde und ihre Vorschläge jetzt beim AICB-Kongreß in Baden-Baden der Öffentlichkeit vorlegte[21], ist beim Omnibus durch eine Vollkapselung des Motors eine Senkung der Antriebsgeräusche bis 10 dB (A) möglich, und beim Pkw durch Verbesserungen am Kühler-/Lüftersystem, am Triebwerk und am Auspuffschalldämpfer eine Senkung der Antriebsgeräusche bis etwa 6 dB (A) möglich. Eine Vollkapselung beim Pkw-Motor würde zusätzlich etwa 5 dB (A) Pegelsenkung bei Vorbeifahrt bringen. Hinsichtlich der Kosten dieser Maßnahmen liegen, soweit mir bekannt ist, nur mit Vorsicht zu genießende Schätzwerte der Automobilindustrie vor, die bei Pkws im Durchschnitt mit 1200 - 2000 DM je Fahrzeug und bei Lkws im Durchschnitt mit 3000 bis 10 000 DM je Fahrzeug angegeben werden[22]. Wie auch immer diese Geräuschsenkungsmöglichkeiten und Kosten zu bewerten sind, müssen doch alle Anstrengungen unternommen werden, um in Zukunft leisere Fahrzeuge, vor allem auch leisere Kleinkrafträder zu bauen. Man sollte sich allerdings im klaren darüber sein, daß verstärkte Anstrengungen auf diesem Gebiet sich erst in etwa 10 Jahren mit einer Immissionsverminderung von etwa 3 - 5 dB (A) auswirken können, da die durchschnittliche Lebensdauer eines Fahrzeugs etwa diesen Zeitraum umfaßt. Da Kraftfahrzeuge infolge normalen Verschleißes, mangelnder Wartung oder auch Manipulation im Betrieb lauter werden können, ist es unbedingt erforderlich, daß der Gesetzgeber die rechtlichen Voraussetzungen für eine zuverlässige Lärmkontrolle durch die Polizei auf der Straße schafft. Hierfür müssen einfache und überall anwendbare Meßverfahren und Emissionswerte unter Berücksichtigung einer größeren Toleranz rechtlich festgelegt werden.

Übrigens muß in Zukunft auch den Reifenrollgeräuschen stärkere Aufmerksamkeit gewidmet werden. Diese Geräusche dominieren nämlich bereits bei Pkw-Geschwindigkeiten von etwa 50 km/h aufwärts und Lkw-Geschwindigkeiten von mehr als 80 km/h. Bei Schnellstraßen und Autobahnen, die ja auch in Stadtgebieten anzutreffen sind, hört man vorwiegend die Rollgeräusche der Reifen. Auf diesem Gebiet ist verstärkte Entwicklungsarbeit mit dem Ziel von Emissionsgrenzwerten für Reifenrollgeräusche erforderlich.

---

20 Richtlinie des Rates vom 8. 3. 1977 zur Änderung der Richtlinie 70/157/EWG über den zulässigen Geräuschpegel und die Auspuffvorrichtung von Kraftfahrzeugen (77/212/EWG; ABl. Nr. L 66/33).

21 Siehe Fußnoten 5 und 10.

22 Vgl. Stellungnahme des Verbandes der Automobilindustrie vom 11. 9. 1978 zum Fragenkatalog des Verkehrsausschusses des Deutschen Bundestages.

2. Maßnahmen zur Dämpfung des Kfz-Verkehrs

Ein Beitrag zur Minderung der Verkehrsgeräusche kann auch durch die Dämpfung des leider immer noch steigenden Kraftfahrzeugverkehrs geleistet werden. Hierzu ist nach Auffassung des Deutschen Städtetages eine Politik erforderlich, die den öffentlichen Personennahverkehr fördert, indem sie ihn ständig verbessert durch ein attraktives Angebot von Nahverkehrsmitteln, die nach Möglichkeit auf vom Individualverkehr unabhängigen Trassen geführt werden. Eine solche Nahverkehrspolitik muß verbunden sein mit einer Parkraumpolitik in den Städten und Stadtteilzentren der Großstädte, die das Ziel verfolgt, die Dauerparkplätze für Berufspendler zu reduzieren und in größerem Umfang nur noch Parkgelegenheiten von kurzer Dauer für den Wirtschafts- und Einkaufsverkehr zur Verfügung zu stellen.

Lassen Sie mich in diesem Zusammenhang ein Problem ansprechen, das mittelbar mit dem Thema „Lärmschutz" zu tun hat. Der Deutsche Städtetag ist der Auffassung, daß es zur Verbesserung der Wohnqualität in den Städten erforderlich ist, den Bewohnern innenstadtnaher Wohngebiete ein Parkvorrecht in diesen Quartieren einzuräumen, und zwar aus folgenden Gründen: In Wohngebieten, die sich in den Kernzonen der Städte befinden, wird vielen Bewohnern das Abstellen ihres Autos auf der Straße in der Nähe ihrer Wohnung sehr erschwert oder gar unmöglich gemacht. Der Grund hierfür liegt darin, daß Autofahrer aus den Außenbezirken oder dem Umland ihre Wagen zunehmend in den catynahen Wohngebieten abstellen, weil sie an ihrem eigentlichen Ziel keinen Parkplatz mehr finden oder die relativ hohen Gebühren der Parkhäuser scheuen. Die betroffenen Bewohner sind hierdurch verständlicherweise verärgert, zumal sie nicht nur die ständigen Parkplatzsorgen haben, sondern auch noch durch Lärm und Abgase quartierfremder Fahrzeuge belästigt werden. Die Folge ist, daß die Attraktivität dieser Wohngebiete ständig abnimmt und die von allen beklagte Stadtflucht anhält. Um die Bewohnbarkeit der Städte zu erhalten, hat der Deutsche Städtetag bereits im März dieses Jahres vorgeschlagen, den Anliegern citynaher Wohngebiete Parkvorrechte einzuräumen. Dies kann z. B. in der Weise geschehen, daß in den entsprechenden Straßen mit Ausnahme einiger Parkuhren für Besucher ein Haltezonenverbot verfügt wird, das nur für solche Fahrzeuge nicht gilt, die eine Parkplakette an der inneren Windschutzscheibe aufweisen. Die Parkplaketten könnten auf Antrag von den Stadtverwaltungen bei entsprechendem Nachweis über den Wohnsitz ausgegeben werden. Zur Zeit läuft ein entsprechender Modellversuch in Mannheim[23]. Ähnliche

[23] Vgl. Gormsen, Parkplaketten für Innenstadtbewohner. Ein Modellversuch mit dem Ziel, das Wohnen in der Innenstadt zu erleichtern, in Der Städtetag 1978, S. 589 - 591.

Regelungen im Ausland, z. B. in London und Oslo, werden mit Erfolg praktiziert. Die Einführung dieses Systems in Deutschland würde die Änderung des Straßenverkehrsgesetzes voraussetzen. Sie haben sicherlich in jüngster Zeit in der Tagespresse darüber gelesen, daß sich auch der Bundesbauminister für unseren Vorschlag einsetzt. Inzwischen scheinen die Länder überwiegend Zustimmung signalisiert zu haben, was die Aussicht verstärkt, daß eine entsprechende Regelung in die von mir erwähnte Novelle zum Straßenverkehrsgesetz aufgenommen wird.

3. Planerische und organisatorische Maßnahmen zur Lärmminderung

Neben den meistens im Vordergrund des Interesses stehenden baulichen Möglichkeiten zum Schutz vor Straßenverkehrslärm gibt es in Stadtgebieten eine Vielzahl von planerischen und organisatorischen Maßnahmen, die zur Wiederherstellung der Wohnruhe und zu einer verbesserten Wohnumfeldqualität beitragen können. Sie verfolgen das Ziel, besonders störende Lärmsituationen zu vermeiden. Zu dieser Art von Maßnahmen rechnen

— Nachtfahrverbote für bestimmte Fahrzeugarten, z. B. Lastkraftwagen, Motorräder und Mopeds, in besonders schutzbedürftigen Gebieten und für bestimmte Durchgangsstraßen;

— allgemeine Verkehrsstromführung mit dem Ziel, die Durchfahrt durch bestimmte Gebiete zu bestimmten Zeiten zu vermeiden;

— Abschalten von Lichtsignalanlagen zu verkehrsschwachen Zeiten, vor allem nachts, mit dem Ziel, lästige Anfahrvorgänge zu vermeiden;

— verkehrsabhängige Steuerung der Lichtsignalanlagen mit dem Ziel, die Anzahl der Anfahrvorgänge zu vermindern;

— Neuorganisation des Gütertransports innerhalb eines Stadtgebietes mit dem Ziel, den schweren Lastkraftwagen aus den Wohngebieten herauszuhalten;

— schließlich auch Geschwindigkeitsbeschränkungen.

Auf Einzelheiten kann ich hier aus Zeitgründen nicht eingehen. Zur Geschwindigkeitsbegrenzung möchte ich jedoch erwähnen, daß sie in Wohngebieten bei einer Reduzierung von 50 auf 30 km/h unter der Voraussetzung, daß sie eingehalten wird, zwar zur Verkehrssicherheit beiträgt, jedoch im Hinblick auf den Lärm eher eine Verschlechterung bedeuten kann, da die Fahrzeuge in diesen Fällen in der Regel im zweiten Gang mit einer wesentlich erhöhten Motordrehzahl gegenüber dem dritten oder vierten Gang gefahren werden. Anders verhält es sich bei stadtnahen Autobahnen oder städtischen Schnellstraßen: Dort kann eine Reduzierung der Geschwindigkeit bei Pkws auf 80 und bei

Lkws auf 60 km/h zu einer Minderung der Verkehrsgeräusche bis etwa 3 dB (A) führen.

4. Verkehrsberuhigung in Wohngebieten

In diesen Zusammenhang gehört auch das Thema „Verkehrsberuhigung", das heute in aller Munde ist. Man versteht darunter den Versuch, zur Verbesserung der Verkehrssicherheit und der Lebensqualität in ausgewählten, örtlich genau definierten Wohnquartieren mit baulichen und verkehrsregelnden Maßnahmen darauf hinzuwirken,

— Fremdverkehr, der weder Ziel noch Quelle in dem betreffenden Gebiet hat, aus seinen Straßen herauszuhalten und auf tangierende Verkehrsstraßen abzudrängen und

— den zum Gebiet gehörenden Verkehr zu mäßiger Geschwindigkeit und rücksichtsvoller Fahrweise anzuregen[24].

Ein besonders wichtiges Ziel ist in diesem Zusammenhang die gleichzeitige Verbesserung des Umfeldes der Wohnungen. Wenn es gelingt, Durchgangsverkehr aus Straßen herauszunehmen, können bei gegebenen Voraussetzungen beispielsweise der Parkbedarf in gleichem Zuge verringert oder zugunsten der Anlieger eingeschränkt und dem Fußgänger mehr Raum gegeben bzw. Flächen für Grün, Vorgärten oder Straßenbäume zusätzlich bereitgestellt werden. Die unmittelbaren Maßnahmen dieses Konzeptes betreffen im wesentlichen Anliegerstraßen. Darüber hinaus besteht von seiten der Stadtplanung die vom Deutschen Städtetag unterstützte Vorstellung, Wohnstraßen zu schaffen, die eine in funktionaler, bautechnisch-gestalterischer und straßenverkehrsrechtlicher Hinsicht modifizierte Anliegerstraße in Wohngebieten sein soll. Sie stellt einen öffentlichen Straßenraum dar, dessen Nutzung dadurch gekennzeichnet ist, daß

— der Fahrverkehr sich anderen Nutzungen, insbesondere dem Fußgänger, unterordnet,

— keine grundsätzliche Trennung der Verkehrsarten, nämlich Kraftfahrzeug und Fußgänger, durch Bordsteinkanten vorgenommen wird,

— der Freiraum zwischen den Gebäuden zusammenhängend in einer Ebene gestaltet wird und andere Nutzungen wie z. B. das Spielen von Kindern ermöglicht werden,

---

[24] Verkehrsberuhigung in Wohngebieten, Hinweise für den versuchsweisen Einsatz von Maßnahmen zur Verkehrsberuhigung, herausgegeben im Juli 1977 vom Minister für Wirtschaft, Mittelstand und Verkehr des Landes Nordrhein-Westfalen und der Beratungsstelle für Schadenverhütung des HUK-Verbandes.

— und schließlich der Anliegerverkehr aufrechterhalten und der ruhende Verkehr auf dafür abgegrenzten Straßenbereichen zugelassen wird.

Eine wichtige Voraussetzung für dieses Konzept ist die Aufnahme des verdrängten Verkehrs durch die korrespondierenden Hauptverkehrs- und Sammelstraßen. Der durchgehende Verkehr soll also auf Magistralen gebündelt werden. Auch dies ist nicht unproblematisch, weil dadurch die ohnehin schon lauten Hauptverkehrsstraßen noch lärmintensiver werden. Allerdings muß man hierbei in Rechnung stellen, daß erst eine Verdoppelung der Verkehrsmenge zu einer Erhöhung des Mittelungspegels um 3 dB (A) und damit überhaupt erst zu einer merkbaren Verstärkung der Verkehrsgeräusche führt. Die Städte sollten daher durch eine entsprechende Planungspolitik die Ansiedlung störunempfindlicher Nutzungen an Hauptverkehrsstraßen fördern.

5. Rechtsetzungserfordernisse

In verkürzter Form habe ich Ihnen damit die wesentlichen Vorstellungen des Deutschen Städtetages vorgetragen, die seiner Auffassung nach zu einem umfassenden Konzept zur Verkehrslärmbekämpfung gehören. Lassen Sie mich abschließend noch die Maßnahmen im rechtlichen Bereich nennen, die nach Auffassung des Deutschen Städtetages[25] beschleunigt in Angriff genommen werden sollten:

1. Schnelle Verabschiedung des Verkehrslärmschutzgesetzes unter Einbeziehung aller vorhandenen Verkehrswege in eine eingeschränkte Schallschutzregelung.
2. In die Straßenverkehrsordnung ist nach vorangegangener Änderung des Straßenverkehrsgesetzes eine Bestimmung aufzunehmen, wonach bestimmte Straßen oder sonstige Verkehrsflächen in Wohngebieten durch Verkehrszeichen als „gemischte Fußgängerstraßen" eingerichtet werden können. Voraussetzung ist eine entsprechende bauliche Gestaltung dieser Straßen oder Flächen.
3. Verbesserung der rechtlichen Möglichkeit, für bestimmte Wohngebiete Nachtfahrverbote für Lastkraftwagen und Motorräder aussprechen zu können.
4. Ergänzung der verkehrsrechtlichen Bestimmungen in der Weise, daß verkehrsbeschränkende Maßnahmen auch zugunsten stadtentwicklungspolitischer Ziele, z. B. zur Gewährleistung der Wohnruhe durch Geschwindigkeitsbeschränkung, und nicht nur aus Gründen der Sicherheit und Ordnung des Verkehrs ergriffen werden können.

[25] Lärmschutz in den Städten, siehe Fußnote 19.

5. Einführung einer gesetzlichen Ermächtigung, Fußgängerbereiche auch zur Gewährleistung einer gesunden städtebaulichen Entwicklung durch Beschränkungen oder Verbote des Fahrzeugverkehrs einzurichten.
6. Verbot des regelmäßigen Parkens von schweren Lastkraftwagen, Kraftfahrzeuganhängern und Omnibussen in Wohngebieten über Nacht sowie an Sonn- und Feiertagen.
7. Schaffung von Parkvorrechten für die Anlieger citynaher Wohnstraßen.
8. Befugnis, die Gebühren für das Parken auf innerstädtischen, stark belasteten öffentlichen Verkehrsflächen an Parkuhren im Einzelfall von 0,10 DM je angefangene halbe Stunde bis auf höchstens 1 DM anzuheben mit der Möglichkeit einer innerörtlichen Staffelung.
9. Ergänzung des Straßenverkehrsgesetzes dahingehend, daß anstelle von Parkuhren auch andere technische Mittel der Gebührenerhebung und der Zugangskontrolle zugelassen werden können (z. B. Sammelparkuhr).
10. Ausschöpfung der Möglichkeiten des § 38 BImSchG, niedrigere Grenzwerte für die Geräuschemissionen von Kraftfahrzeugen und Krafträdern festsetzen zu können.
11. Ersetzen des bisher am Hubraum orientierten Kraftfahrzeugsteuersystems, das für die Lärmminderung ungünstig ist.
12. Änderungen der Landesbauordnungen dahingehend, daß Ablösungsbeiträge für die Stellplatzpflicht auch für die Neuordnung des ruhenden Verkehrs in Wohngebieten, die einer Verkehrsberuhigung zugeführt werden sollen, eingesetzt werden können.

Ich bin froh, daß die Bundesregierung die meisten dieser Vorschläge in die beabsichtigte Novelle zum Straßenverkehrsgesetz, die, wie gesagt, im November dieses Jahres vom Bundeskabinett verabschiedet werden soll, aufgenommen hat. Damit ist ein guter Anfang gemacht worden, der Hoffnungen auf eine wirksamere Bekämpfung des Verkehrslärms berechtigt erscheinen läßt.

Aussprache zu dem Referat von Thomas Muthesius

Bericht von Michael Ronellenfitsch

Leitender Ministerialrat *Josef Kersten*, München, eröffnete die von Ministerialrat *Hans-Wolfgang Schroeter*, Bonn, geleitete Diskussion mit dem Hinweis, daß man auf dem Sektor Lärmschutz Verbesserungen nur in geringem Umfang anbringen könne, wenn man alle Mißstände auf einmal mit Rechtsansprüchen erfassen wollte. Verbesserungen sollten vielmehr schrittweise zunächst beim Neubau von Straßen und sodann durch Angleichung an bestehenden Straßen eingeführt werden. Zwischen diesen beiden Bereichen liege der Bereich der Änderungen. Hier könne man nicht sagen, die Regelung, wonach wesentliche Änderungen nur solche sind, die auch einen baulichen Eingriff darstellen, sei willkürlich. Vielmehr seien Änderungen an Straßen, die die Lärmsituation entscheidend beeinflussen, in aller Regel mit baulichen Änderungen verbunden. Gehe man von dieser Regelung ab, so verwische man die Grenzen zwischen Neubau und Veränderung bestehender Straßen.

Der Referent entgegnete hierauf, der Städtetag stimme diesen Ausführungen sicherlich zu. Die Städte würden eine Regelung ablehnen, die darauf hinausliefe, daß eine wesentliche Änderung auch ohne baulichen Eingriff in einen Verkehrsweg etwa bei verkehrslenkenden Maßnahmen vorliegen sollte. Den Bürgern könne freilich dieser Unterschied schwer verständlich gemacht werden. In Fällen wie dem der Reuter-Straße in Bonn, die aus einer normalen Wohnstraße zur Ortsdurchfahrt der Bundesstraße 9 aufgestuft worden sei und dadurch plötzlich einen sehr viel stärkeren Verkehr aufwies, könne man eine Lärmsanierung durchaus ins Auge fassen.

Prof. Dr. *Werner Hoppe*, Münster, verdeutlichte die Willkürlichkeit der Regelung über die wesentlichen Veränderungen am Schutzzweck des Gesetzes, nämlich dem Schutz der baulichen Nutzung vor Verkehrslärm. Verkehrslärm werde nicht nur durch eine bauliche Änderung, sondern auch durch verkehrslenkende Maßnahmen erzeugt. Für den Bürger sei es gleichgültig, auf welche Maßnahme der Verkehrslärm zurückgehe, so daß das Herausgreifen der baulichen Veränderung als einer dieser Maßnahmen in der Tat willkürlich sei. Mit dem Hinweis auf die bauliche Veränderung seien ohnehin die Abgrenzungsschwierigkeiten nicht aus der Welt geschafft. Bereits dieses Merkmal führe zu außerordentlich großen Auslegungsschwierigkeiten. Vorzugswürdig sei es daher, beispielhaft aufgeführte Maßnahmen in § 1 des Entwurfs einzubeziehen.

Ministerialrat Dr. *Hans Carl Fickert*, Düsseldorf, mahnte, in die Diskussion um die Höchstwerte beim Verkehrslärm auch Fakten hinsichtlich der technischen Machbarkeit mit einzubringen. Werte von 55/45 dB (A) seien eben unabhängig von der finanziellen Seite vernünftigerweise nicht mehr machbar. Wer Wert auf einen aktiven Lärmschutz lege, müsse wissen, daß bei einer Entfernung von mehr als 300 m ein aktiver Lärmschutz nicht mehr möglich sei. Was das ungelöste Problem der vorhandenen Verkehrswege angehe, solle man eine Differenzierung zwischen zu schützenden Wohnbauten und den gleicherweise zu schützenden Bauten und den sonstigen Bauten erwägen. Sollte man tatsächlich auch mit 60/50 dB (A) leben können, so sei fraglich, ob man bei den bestehenden Straßen weiterhin von 75/65 dB (A) ausgehen dürfe.

Regierungsdirektor Dr. *Helmut Lörken*, Bonn, wandte sich dagegen, dem Außenbereich generell den Schutz zu versagen. Entsprechend § 35 BBauG müsse vielmehr auch im Außenbereich zwischen den privilegierten und sonstigen Vorhaben unterschieden werden. Den privilegierten Vorhaben komme praktisch der gleiche Status zu wie Vorhaben in Baugebieten. Ihnen sollte daher ebenfalls der Lärmschutz zugesprochen werden.

Nach Ansicht des Referenten besteht aus verfassungsrechtlichen Gründen kein Zwang, auch den Außenbereich vor Verkehrslärm zu schützen. Der Gesetzgeber habe hier freie Hand. Eine wichtige Frage sei es auch, ob man den Schutz überhaupt auf bauliche Anlagen beschränken solle oder ob nicht auch der Erholung dienende Gebiete ohne bauliche Anlagen vor Lärm zu schützen seien.

Leitender Regierungsdirektor *Wolfram Siegel*, Kiel, wies darauf hin, daß Aufwendungen für den passiven Lärmschutz im innerstädtischen Bereich zu Vorteilen für die Hauseigentümer führen, da sie sich in einer Abwälzung auf die Mieter niederschlagen könnten. Das führe zu der Frage, in welchem Umfang die Hauptverkehrsstraßen im innerstädtischen Bereich heute schon verkehrsberuhigt seien. Weiter gab *Siegel* zu bedenken, daß sich seit der Mitte dieses Jahrhunderts die Architektur geändert habe. Statt geschlossener Komplexe mit einem geschützten Innenraum suche man jetzt in offener Bebauung Licht. Wo das Licht hinkönne, könne auch der Lärm gut hin. Durch eine derartige Bebauung fresse der Mensch Landschaft und es sei fraglich, ob alles dies der Steuerzahler auch noch bezahlen solle. Ein gewisser Mindestlärmschutz müsse bereits durch Anforderungen an das Bauen garantiert werden.

Der Referent entgegnete, daß es Erhebungen über den Umfang der Verkehrsberuhigung im innerstädtischen Bereich wegen der damit verbundenen Schwierigkeiten nicht gebe. Daß hinsichtlich des Lärmschutzes Anforderungen an das Bauen zu stellen seien, wurde auch vom Referenten bestätigt.

Aktuelle Rechtsfragen der innerstädtischen Verkehrsführung

Von Udo Steiner

I. Umweltschutz und Umweltverbesserung als Ziel innerstädtischer Verkehrsführung

Der Gesetzgeber selbst stellt den Übergang von den bisherigen Themen der Tagung zu dem mir gestellten Thema her. In dem Entwurf eines Gesetzes zum Schutz gegen Verkehrslärm an Straßen und Schienenwegen[1] wird in der Begründung darauf hingewiesen, daß die in dem Gesetzesentwurf geregelten sog. investiven Maßnahmen für den Schutz gegen Verkehrslärm die Bemühungen „um die Schaffung weiterer normativer Grundlagen zur Verminderung des Verkehrslärms durch verkehrslenkende und verkehrsordnende Maßnahmen" unberührt lasse[2]. Damit stellt der Gesetzgeber Regelungen in Aussicht für den in den letzten Jahren verstärkt unternommenen Versuch der kommunalen Praxis, Umweltschutz und Umweltverbesserung durch Maßnahmen der Verkehrslenkung herbeizuführen. Für die Kennzeichnung dieses Versuchs hat sich in jüngster Zeit — vielleicht etwas ungenau — das Schlagwort „Verkehrsberuhigung" durchgesetzt[3]. Als im Prinzip bereits gesicherte, fast schon klassische Realisierung dieser Idee ist die Einrichtung von Fußgängerzonen in den Innenstadtbereichen anzusehen, deren Rechtsprobleme ja vielfach Gegenstand von speziellen Abhandlungen waren oder sind[4]. Der Siegeszug der herkömmlichen Fußgängerzone ist keineswegs zu Ende. Viele Städte und Gemeinden stehen noch vor der erstmaligen Einrichtung; in anderen Orten dringen sie schrittweise in die städtischen Außenbezirke vor. Im Vordergrund steht heute aber bereits eine Art „zweiter Generation" von Maßnahmen der Verkehrslenkung mit umweltpolitischer und städtebaulicher Zielsetzung[5]. Näher zu untersuchen werden dabei im folgenden die sog.

---

[1] Verkehrslärmschutzgesetz (VLärmSchG), BT-Drucks. 8/1671 v. 23. 3. 1978.

[2] a.a.O., S. 19.

[3] Siehe die Nachweise in Fn. 5.

[4] Zu den umfassenderen Abhandlungen zählen: Frommer, Der Fußgängerbereich im Recht, in: Fußgängerstadt, hrsg. v. Paulhans Peters, 1977, S. 165 ff.; Körner, BayVBl. 1978, S. 487 ff.; Löwer, SKV 1976, S. 337 ff. und F.-J. Peine, Rechtsfragen der Einrichtung von Fußgängerstraßen, Neue Schriften des Deutschen Städtetages, Heft 35, 1979.

Wohn- oder Wohnbereichstraßen sein, deren holländische Ausprägung in Deutschland besonders bekannt geworden ist. Daneben finden sich in der kommunalen Praxis vielfältige Einzelmaßnahmen, die teils im Zusammenhang mit der Einrichtung von Fußgängerstraßen und anderen verkehrsberuhigten Zonen stehen, teils zu isolierter Anwendung kommen: Schaffung von Einbahnstraßensystemen, Herstellung von Stichstraßen, Anordnung von Abbiegeverboten und gegenläufigen Einbahnstraßen, Geschwindigkeitsbegrenzungen u. a. mehr. Für das geltende Recht stellt sich dabei vordergründig allein die Frage nach den instrumentellen Antworten auf diese Praxis. Bei näherem Zusehen erweist sich die rechtliche Realisierung der gegenwärtigen Vorstellungen über innerstädtische Verkehrslenkung jedoch als eine ganz grundsätzliche Herausforderung an anerkannte Ordnungs- und Systemprinzipien des geltenden Straßen- und Straßenverkehrsrechts. Auf der Darstellung dieses Aspekts soll im folgenden der Schwerpunkt liegen.

II. Möglichkeiten einer umweltorientierten Verkehrsführung auf der Grundlage des Straßenverkehrsrechts

1. Die Instrumentierung im geltenden Recht

a) Systematik und Reichweite der Regelungskompetenzen im Straßenverkehrsrecht

Das Grundgesetz eröffnet durch die Gesetzgebungskompetenz „Straßenverkehr" in Art. 74 Nr. 22 GG dem Bund Regelungszuständigkeiten, die auch zugunsten des Umweltschutzes und der Umweltverbesserung genutzt werden können. Denn die Ordnungsfunktion des Straßenverkehrsrechts bezieht sich — dies ist in der höchstrichterlichen Rechtsprechung geklärt — nicht nur auf die Gefahren, die *für* Verkehrsteilnehmer *von* Verkehrsteilnehmern ausgehen; auch der Schutz vor straßenverkehrsbedingten Umweltgefahren liegt in der Regelungszuständigkeit des Bundes nach Art. 74 Nr. 22 GG[6]. Der Gesetzgeber hat im Straßenverkehrsgesetz diese Kompetenz nicht zu eigenen Regelungen

---

[5] Siehe aus den Veröffentlichungen der beiden letzten Jahre etwa: Verkehrsberuhigte Zonen in Frankfurt am Main, hrsg. v. Magistrat der Stadt Frankfurt a. M., 1977; Fußgängerstadt, hrsg. v. Paulhans Peters, 1977; Verkehrsberuhigung in Wohngebieten, hrsg. v. Harder / Spengelin, 1977; Pfundt / Meewes / Maier, Verkehrsberuhigung in Wohngebieten, hrsg. v. Minister für Wirtschaft, Mittelstand und Verkehr NRW u. HUK-Verband, Köln 1977; Verkehrsberuhigung in Wohngebieten. Modell Köln, hrsg. v. HUK-Verband, 1977; Sicherheit für den Fußgänger II. Verkehrsberuhigung, hrsg. v. Bundesminister für Verkehr und ADAC, 1978; A. Machtemes, Raum für Fußgänger. Straße und Stadtgestalt, Düsseldorf 1978; Verkehrsberuhigung, Themenheft, hrsg. v. Bundesminister für Raumordnung, Bauwesen und Städtebau (erscheint Mitte 1979).

[6] Zur Auslegung des Art. 74 Nr. 22 GG siehe zusammenfassend BVerfG, Urt. vom 10. 12. 1975, NJW 1976, S. 559.

genutzt. Aber auch die Umsetzung der grundgesetzlichen Gesetzgebungskompetenz aus der genannten Verfassungsnorm in Verkehrsumweltrecht durch Einräumung von Rechtsverordnungsermächtigungen ist verhältnismäßig vorsichtig dadurch erfolgt, daß der Katalog des § 6 StVG in Nr. 3 zu Rechtsverordnungen über die „zur Verhütung von Belästigungen erforderlichen Maßnahmen" ermächtigt und unter d) hervorhebt: Rechtsverordungen „über den Schutz der Nachtruhe und der Erholungssuchenden gegen Störung durch den Kraftfahrzeugverkehr und über Beschränkungen des Verkehrs an Sonn- und Feiertagen". Daneben ermächtigt § 6 Nr. 5 lit. a StVG zu Rechtsverordnungen „über das Verhalten im Straßenverkehr zum Schutz vor den von Fahrzeugen ausgehenden schädlichen Umwelteinwirkungen im Sinne des Bundes-Immissionsschutzgesetzes". Diese Ermächtigungen hat der Bundesminister für Verkehr in der für den Bereich der Verkehrslenkung zentralen Bestimmung des § 45 StVO nicht ausgeschöpft. Der Absatz 1 Satz 1 dieser Bestimmung enthält zwar die generelle Ermächtigung an die Straßenverkehrsbehörden, die Benutzung bestimmter Straßen oder Straßenstrecken zu beschränken, aber eben nur „aus Gründen der Sicherheit oder Ordnung des *Verkehrs*". Die folgenden Tatbestände nehmen das Thema des Schutzes der Umwelt vor den Belästigungen und Gefahren des Verkehrs auf, aber lediglich in der Gestalt spezieller Tatbestände: Verkehrsbeschränkungen oder Verkehrsverbote „zum Schutz der Nachtruhe in Wohngebieten", in „Bade- und heilklimatischen Kurorten, in Luftkurorten, in Erholungsorten von besonderer Bedeutung, in Landschaftsgebieten und Ortsteilen, die überwiegend der Erholung der Bevölkerung dienen, und in der Nähe von Krankenhäusern und Pflegeanstalten sowie in unmittelbarer Nähe von Erholungsstätten außerhalb geschlossener Ortschaften, wenn dadurch anders nicht vermeidbare Belästigungen durch den Kraftfahrzeugverkehr verhütet werden können". Sicher hat die Schwerpunktkompetenz der Straßenverkehrsbehörden zur individuellen Verkehrsregelung — früher § 4, heute § 45 StVO[7] — im Laufe der Zeit eine Erweiterung erfahren[8]; diese Erweiterung erfolgte aber in der Form einer vorsichtigen spezialtatbeständlichen Ergänzung der limitierten Generalklausel „Sicherheit oder Leichtigkeit bzw. Ordnung des Verkehrs" und nicht in der Form einer Fortschreibung zum Generaltatbestand. Unter umweltrechtlichen Aspekten ist die Abfolge von Verfassung, Gesetz und Rechtsverordnung also durch eine Verengung der Tatbestände gekennzeichnet. Insbesondere liegt auf der Verordnungsebene eine allgemeine Ermächtigung zur Vornahme von individuellen Lärmschutzmaßnahmen durch Anordnungen der Verkehrsregelung nicht vor. Fügt man als

---

7 Siehe Novellierung der StVO vom 16. 11. 1970, BGBl. I, S. 1565.

8 Zu dieser Beobachtung Müller / Möhl, Straßenverkehrsrecht, Bd. III, 22. Auflage 1973, § 45 Erl. 2.

letzte Stufe die Ausübung der vorhandenen Kompetenzen durch die Verwaltungspraxis hinzu, so setzt sich diese „Tendenz" durchaus fort. Denn die Straßenverkehrsbehörden haben — sieht man von der in jüngster Zeit in den kreisfreien Städten sichtbar gewordenen Entwicklung einmal ab — nur zurückhaltenden Gebrauch von den Möglichkeiten des Umweltschutzes durch Verkehrslenkung gemacht. Dies gilt vor allem für Anordnungen zum Schutz der Nachtruhe. Über die Gründe wird noch zu sprechen sein.

b) Auslegung und Anwendung des § 45 StVO in der Rechtsprechung der Verwaltungsgerichte

Die knappe Darstellung des juristischen „Ist-Zustandes" bedarf noch einer ergänzenden Feststellung zur Auslegung der Ermächtigung des § 45 StVO in der Rechtsprechung der Verwaltungsgerichte. Die verwaltungsgerichtliche Judikatur hat den Straßenverkehrsbehörden bisher keine Möglichkeit eröffnet, Maßnahmen zum Zwecke der „Ordnung des Verkehrs" zu treffen, die der Verwirklichung städtebaulicher Ziele dienen. Durch eine kontinuierlich erfolgte ordnungsrechtliche Interpretation der limitierten Generalklausel des früheren § 4 und jetzigen § 45 StVO verschloß sie den Weg, durch Erlaß von Verkehrsverboten und Verkehrsbeschränkungen das städtebauliche Planungsinstrumentarium für den Bereich der Verkehrsführung zu komplettieren. Die Sperrfunktion dieser ordnungsrechtlichen Einbindung der begrenzten Generalklausel des § 45 Abs. 1 Satz 1 StVO gegenüber städtebaulich begründeten Eingriffen in den Verkehrsablauf äußerte sich dabei in einer doppelten Weise. Zum einen wurde der Tatbestand der Generalklausel als Tatbestand der polizeilichen Gefahrenabwehr verstanden[9]. Dies war für § 4 StVO a. F. auch nicht anders zu praktizieren; denn die Tatbestandsmerkmale „Sicherheit" und „Leichtigkeit" des Verkehrs boten der Auslegung und Anwendung kaum Zugang für andere als verkehrliche Gesichtspunkte. Aber auch die Auswechslung des Begriffs der „Leichtigkeit" durch den Begriff der „Ordnung" des Verkehrs in der 1970 erfolgten Novellierung der StVO hat die Rechtsprechung — trotz vereinzelter literarischer Aufmunterung[10] — nicht von ihrer rein polizeirechtlichen Interpretation des letztgenannten Begriffs abbringen können[11]. Eine andere Rechtsprechung wäre freilich auch kaum begründbar gewesen. „Ordnung" des Verkehrs ist die tatbestandsmäßige

---

[9] BVerwG, Urt. vom 20. 12. 1960, DVBl. 1961, S. 247; OVG Rheinland-Pfalz, Urt. vom 21. 10. 1970, VerwRspr. Bd. 22 (1971), Nr. 232, S. 960 (962); OVG Saarland, Urt. vom 10. 4. 1970, VerkMit. 1971, S. 7.

[10] Siehe Marschall, Rechtsgutachten zur Parkvorsorge in der Innenstadt von Frankfurt a. M., 1975, S. 16.

[11] Siehe OLG Düsseldorf, Beschl. vom 27. 4. 1971, DAR 1971, S. 276; BVerwG, Beschl. vom 7. 1. 1974, VRS 46 (1974), S. 237; Urt. vom 19. 3. 1976, VerkMit. 1976, S. 65 (66); ebenso die unveröff. Rspr. der VGe: VG Hamburg, Urt. vom

Voraussetzung für die Anordnung eines Verkehrsverbots oder einer Verkehrsbeschränkung im Sinne des § 45 Abs. 1 Satz 1 StVO. Würde dieser Begriff nur das unmittelbare *Ziel* einer Maßnahme beschreiben, so wären alle Verkehrsbeschränkungen zulässig, die der Ordnung des Verkehrs dienen. Dieser Anknüpfungspunkt ist aber ohnehin allen Verkehrsbeschränkungen eigen. § 45 Abs. 1 Satz 1 StVO wäre dann insoweit eine tatbestandsfreie Eingriffsnorm. Daraus ergibt sich zwingend, daß nach dieser Bestimmung eine Maßnahme nicht schon dann rechtmäßig ist, wenn sie verkehrsordnender Natur ist. Daher muß der Begriff der „Ordnung" — ähnlich wie in der Generalklausel des Polizei- und Ordnungsrechts — inhaltlich aufgefüllt werden. Dies kann nur in der Weise geschehen, daß er seinen Inhalt aus dem früheren Begriff der „Leichtigkeit" des Verkehrs erhält. Theoretisch verbliebe zwar auch eine Ausfüllung des Begriffs der „Ordnung" mit städtebaulichen und anderen, in „Ordnung" des Verkehrs umsetzbaren Vorstellungen. Damit aber hätte — wie noch zu zeigen sein wird — die Ermächtigung einen völlig neuen Inhalt erhalten; die gesetzliche Grundlage für einen derartigen „Systembruch" fehlt.

Die rein ordnungsrechtliche Interpretation des *Tatbestandes* „Sicherheit oder Ordnung des Verkehrs" wurde schon als *ein* Aspekt der ordnungsrechtlichen Einbindung des § 45 Abs. 1 Satz 1 StVO erwähnt. Sie wird ergänzt durch die von der Rechtsprechung vorgenommene Anwendung der polizeirechtlichen Grundsätze der Eignung, Erforderlichkeit und Verhältnismäßigkeit auf das in dieser Bestimmung den Straßenverkehrsbehörden eingeräumte *Ermessen*[12]. Nimmt man zu diesen Feststellungen noch die Beobachtung hinzu, daß sich die Verwaltungsgerichte bei der Überprüfung der nach § 45 StVO getroffenen Verkehrsmaßnahmen das Recht zur „Motivforschung" genommen haben, um ordnungsrechtlich begründeten, in Wahrheit aber städtebaulich bestimmten Maßnahmen der zuständigen Behörde „aufzuspüren"[13], so wird deutlich, daß § 45 StVO nur sehr begrenzt die Wünsche der Gemeinden nach einer nicht nur an den Gesichtspunkten der Sicherheit

---

16. 1. 1973, GeschNr. VIII VG 812/72, S. 9; VG Bremen, Urt. vom 14. 11. 1975, II A 325/1974, S. 15; VG Augsburg, Urt. vom 20. 2. 1976, Au 118 III 75, S. 13. Zustimmend: Engeland, Die Ordnung des ruhenden Verkehrs durch das Verkehrs- und Wegerecht, in: 14. Deutscher Verkehrsgerichtstag 1976, S. 335 (338); Müller / Möhl (Fn. 8), § 45 Rdnr. 2, 3 und Löwer, SKV 1976, S. 327 (329 Fn. 20).

[12] Siehe aus der umfangreichen Rechtsprechung des BVerwG: Urt. vom 9. 6. 1967, NJW 1967, S. 1627 (1629); Urt. vom 22. 1. 1971, VerkMit. 1971, S. 33; Beschl. vom 7. 1. 1974, VRS 46 (1974), S. 237 (238); Urt. vom 13. 12. 1974, MDR 1975, S. 603 (604 f.). Das gleiche Bild ergibt sich in der Judikatur der Oberverwaltungsgerichte: OVG Koblenz, Urt. vom 6. 11. 1969, VRS 39 (1970), S. 235; OVG Saarland, Urt. vom 10. 4. 1970, VerkMit. 1971, S. 7; HessVGH, Urt. vom 7. 8. 1973, VerkMit. 1973, S. 91 (92).

[13] Siehe etwa VG Köln, Beschl. vom 27. 11. 1970, NJW 1971, S. 1478; OVG Lüneburg, Urt. vom 10. 6. 1976, StT 1977, S. 327; VG Augsburg, Urt. vom 20. 2. 1976, Au III 75, S. 13 ff.

und Leichtigkeit des Verkehrs orientierten Verkehrsführung erfüllen konnte. Grenzen ergeben sich vor allem für den Versuch, Umweltpolitik im kommunalen Bereich durch eine verkehrsrechtliche Bevorzugung der öffentlichen Nahverkehrsmittel zu betreiben. So hat etwa das VG Bremen auf der Grundlage der dargestellten Interpretationslinie den Städten die Berechtigung abgesprochen, mit Hilfe des § 45 StVO den öffentlichen Verkehrsmitteln *generell* einen Vorrang im Straßenraum einzuräumen[14]. Ausgeschlossen ist freilich damit nicht — dies sei zugleich hinzugefügt —, daß im Einzelfall unter Berücksichtigung der konkreten örtlichen Verhältnisse die Sicherheit oder Ordnung des Verkehrs die Setzung von Präferenzen zugunsten bestimmter Verkehrsformen notwendig machen kann und daß die Straßenverkehrsbehörde bei vergleichbaren Situationen ähnliche Maßnahmen trifft.

c) Ungelöste Rechtsprobleme der umweltorientierten Verkehrsführung

Die gegenwärtige Situation in der Planungspraxis der Städte und Gemeinden ist demnach dadurch charakterisiert, daß eine umweltorientierte Verkehrsplanung ein straßenverkehrsrechtliches Instrumentarium vorfindet, das den Ansprüchen nicht gerecht wird. Praktische Nachfrage und juristisches Angebot sind nicht ausgeglichen. Dies hat angesichts des Drucks, der von den gegenwärtig diskutierten Konzepten der Verkehrsplanung auf die zur Durchsetzung der Konzepte berufenen Stellen ausgeht, verschiedene Konsequenzen. Die straßenverkehrsrechtliche Regulierungskompetenz des § 45 StVO erfährt — offen oder versteckt — eine Anwendung, die teils die ordnungsrechtlichen Tatbestände überdehnt, teils den ordnungsrechtlichen Rahmen des § 45 StVO überhaupt sprengt. Die Anordnung von Geschwindigkeitsbeschränkungen an Stadtautobahnen zu Zwecken des Lärmschutzes ist nur ein prominent gewordenes Beispiel aus jüngerer Zeit[15]. Aber nicht nur das praxisfreundliche straßenverkehrsrechtliche Instrumentarium ist dem dargestellten Druck ausgesetzt; auch die wegerechtlichen Institute werden in einem bisher wohl nicht gekannten Maße „ausgelastet". Dies hängt mit der später noch interessierenden Tatsache zusammen, daß die kreisangehörigen Gemeinden über die Verkehrsregelungskompetenz nach § 45 StVO nicht verfügen und daher auf ihre Dispositionsmöglichkeiten als Straßenbaulastträger verwiesen sind. Als Konsequenz daraus ergibt sich, daß die den Gemeinden erforderlich erscheinenden Einflußnahmen auf den Verkehr durch Erweiterung, vor allem aber durch Einschränkung der straßenrechtlichen Widmung erfolgen. Dabei ist nicht nur an den Ausschluß des allgemeinen Kraftfahrzeugverkehrs

[14] VG Bremen, Urt. vom 14. 11. 1975, II A 325/1974 und vom 13. 11. 1978, IV A 103/78.

[15] Siehe dazu BayVGH, Urt. vom 21. 12. 1977, NJW 1978, S. 1988 (1991).

durch nachträgliche Widmung in der Form der Teileinziehung gedacht, wie er als Maßnahme von der Einrichtung der Fußgängerzonen her bekannt ist. Die Verkehrsregulierung durch Widmungsregelung ist inzwischen sehr viel weiter verfeinert. Als Beispiel darf ich etwa den Ausschluß des Schwerfahrzeugverkehrs von der Benutzung einer Straße durch Vornahme einer entsprechenden nachträglichen Verkehrsbeschränkung nennen[16]. Rechtlich noch nicht einwandfrei zu lösende Probleme ergeben sich in der Praxis weiter daraus, daß die mit der Losung „Verkehrsberuhigung" bezeichnete Idee nicht nur darauf gerichtet ist, auf die Art und den Ablauf der Verkehrsbewegungen in der Straße zugunsten der Straßenumwelt Einfluß zu nehmen, sondern die Trennung von Straßenverkehr und Umwelt zumindest teilweise aufzuheben. Diese Konzeption wird häufig mit den Formeln „Wohnen *in* der Straße" oder „Erneuerung der *sozialen* Funktion der Straße" umschrieben[17]. Die Erweiterung der Nutzung der Straße über die Verkehrsvorgänge hinaus setzt freilich eine Umgestaltung des Straßenraums voraus, der durch Stichworte wie „Straßenmöblierung" oder „Aufpflasterung" in der einschlägigen Literatur gekennzeichnet wird. Dies hat wiederum Konsequenzen für die Regulierung der nach wie vor bestehenden Verkehrsabläufe in der Straße; die hoheitliche Verkehrsführung muß in quantitativer Hinsicht auf eine Verdünnung des Verkehrs, in qualitativer Hinsicht auf eine Veränderung des Verhältnisses der Verkehrsarten zueinander hinwirken. Das Ziel ist eine gleichberechtigte Nutzung des Straßenraums durch alle Verkehrsteilnehmer — eine Konzeption, die mit dem der StVO zugrunde liegenden Prinzip der Trennung von Fußgänger- und Fahrzeugverkehr (§§ 2, 25, 26 StVO) nicht zu vereinbaren ist. Zugleich ist mit dem Umbau der Straße und ihrer Nutzung für andere als verkehrliche Zwecke häufig eine Verminderung der Abstellflächen verbunden. Dies wirft die Frage einer Parkplatzreservierung zugunsten von Anliegern in Wohnstraßen auf. Auch darauf kann das geltende Recht noch nicht in einer die Praxis befriedigenden Weise antworten. Es kennt keine Verkehrssonderstatute für den fließenden und den ruhenden Verkehr in Wohnbereichen. Durch das gewachsene Umweltbewußtsein ist die Verkehrsplanung in einem besonders starken Maße in die Kommunalpolitik hineingewachsen. Die instrumentellen Konsequenzen sind daraus noch nicht gezogen.

2. Die aktuellen Novellierungsbemühungen

Es kann nicht überraschen, daß sich die kommunale Praxis eine Lösung der dargestellten Probleme zumindest teilweise aus einer Änderung des geltenden Rechts erhofft. Der Wunsch nach einer verbesserten

---

16 Siehe VGH Mannheim, Beschl. vom 4. 10. 1978 — V 1794/78 — (n. v.).

17 Siehe dazu die Nachweise in Fn. 5.

Ausstattung der Gemeinden mit Kompetenzen zu einer umweltorientierten Verkehrsführung im Bereich des Straßenverkehrs ist inzwischen auch von den fachlich zuständigen Ressorts auf Bundesebene aufgenommen worden. Dabei ist von mehreren Novellierungsabsichten zu berichten.

a) Die Verankerung städtebaulicher Kompetenzen im Straßenverkehrsrecht

Der Bundesminister für Verkehr beabsichtigt, in einem zweiten Anlauf[18] und unter Aufnahme kommunaler Initiativen[19] die Ermächtigungen an den Verordnungsgeber in § 6 Abs. 1 Nr. 3 StVG zu erweitern. Der im Bundesverkehrsministerium erarbeitete „Entwurf eines Gesetzes zur Änderung des Straßenverkehrsgesetzes" mit Stand vom 28. November 1978 sieht als Inhalt des künftigen § 6 Abs. 1 Nr. 3 lit. d StVG vor, daß durch Rechtsverordnung zu Maßnahmen ermächtigt werden kann „über den Schutz der Ruhe und den Schutz vor Abgasbelästigung" in Wohngebieten (und nicht nur — wie bisher — über den Schutz der Nachtruhe). Weiter soll der Verordnungsgeber über den bisherigen § 45 StVO hinaus vom Gesetzgeber autorisiert werden, die Straßenverkehrsbehörden zur „Kennzeichnung von Fußgängerbereichen und verkehrsberuhigten Wohnzonen" und zu „Beschränkungen und Verbote(n) des Fahrzeugverkehrs zur Erhaltung der Ordnung und Sicherheit in diesen Bereichen und Zonen, zum Schutze der Bevölkerung vor Lärm und Abgasen und im Rahmen einer gesunden städtebaulichen Entwicklung" zu ermächtigen. Eine Realisierung dieser Novellierungsabsichten hätte zur Folge, daß das differenzierte Instrumentarium individueller Verkehrsanordnungen auf breiter Basis zu Umweltschutzzwecken eingesetzt werden könnte. Weiter würde durch die Erweiterung des Tatbestandes um den Gesichtspunkt der „gesunden städtebaulichen Entwicklung" das bauplanungsrechtliche Instrumentarium des BBauG für den Bereich der Verkehrslenkung in einer praktisch wichtigen Weise ergänzt. Zwar können durch Bebauungsplan nach der inzwischen erfolgten Novellierung des BBauG verkehrsberuhigte Zonen ausgewiesen werden (§ 9 Nr. 11 BBauG n. F.); Einwirkungen auf die Verkehrsführung, z. B. durch Schaffung von Einbahnstraßensystemen, die solche verkehrsberuhigte Zonen „flankieren", sind jedoch bauplanerisch nicht vorzunehmen. Insofern komplettiert die beabsichtigte Novellierung das städtebauliche Instrumentarium[20]. Die mir verfügbare Zeit reicht nicht

---

18 Siehe BR-Drucks. 511/73 vom 7. 9. 1973; BT-Drucks. 7/1618 vom 28. 1. 1974.

19 Beschl. des Stadtrates der Stadt München vom 16. 2. 1977 und Beschl. des Präsidiums des Deutschen Städtetages vom 16. 6. 1977.

20 Schon die 1974 in Angriff genommene Erweiterung des § 45 StVO hatte Sendler als Folgerung aus der Erkenntnis bezeichnet, daß „an der Verkehrsmisere in den Städten u. a. das häufig beziehungslose Nebeneinander von

aus, um die neuen Tatbestände einer Detailanalyse zu unterziehen. Einige allgemeine Bemerkungen zur beabsichtigten Einfügung der zwar verkehrsbezogenen, in der Sache aber doch städtebaulichen Kompetenz in das Straßenverkehrsrecht seien jedoch erlaubt. Die Sprengung des rein ordnungsrechtlichen Ansatzes im künftigen § 45 StVO wird für die Anwendung dieser Befugnisnorm selbst möglicherweise eine Art Sprengwirkung haben. Zum einen lassen sich städtebauliche Kompetenzen nach aller Erfahrung nicht in einem so „stillen" und unkomplizierten Verwaltungsverfahren vollziehen wie dies für die bisherige Handhabung des § 45 StVO charakteristisch war. Zum anderen muß die Ausübung einer *städtebaulich* ausgerichteten Verkehrsregelungskompetenz notwendig aus der für den bisherigen § 45 StVO charakteristischen *staatlichen* Einbindung des Kompetenzvollzugs[21] herauswachsen. Sie ist materiell Ausübung von gemeindlicher Planungshoheit und unterliegt den Gewährleistungen der Selbstverwaltungsgarantie[22]. Gemeinden, die Aufgaben von Straßenverkehrsbehörden wahrnehmen, sind daher insoweit meines Erachtens zwingend aus der Weisungsbindung des § 44 Abs. 1 StVO herausgenommen. In den sonstigen Gemeinden können die staatlichen Straßenverkehrsbehörden Verkehrsverbote und Verkehrsbeschränkungen auf städtebauliche Gesichtspunkte nur stützen, wenn sie das Einvernehmen der Gemeinden herbeiführen; diese verfassungsrechtlich unumgängliche Mitwirkung ist durch Rechtssatz und nicht durch Verwaltungsvorschrift zu sichern[23]. Die unterschiedliche Ausstattung der Gemeinden mit straßenverkehrsrechtlichen Zuständigkeiten erinnert zugleich aber auch an eine immanente „Schwäche" der dargestellten Novellierungsabsichten. Ihre praktischen Vorteile kommen unmittelbar nur den kreisfreien Gemeinden zugute, die Straßenverkehrsbehörden sind. Die kreisangehörigen Gemeinden sind auch weiterhin auf das Verständnis der staatlichen Stra-

---

Verkehrsplanung und sonstiger städtebaulicher Planung mit ursächlich ist" (DÖV 1974, S. 217/221).

21 Siehe dazu BVerwG, Urt. vom 19. 3. 1976, VerkMit. 1976, S. 65 (67).

22 Siehe zur Planungshoheit als Bestandteil der kommunalen Selbstverwaltungsgarantie (Art. 28 Abs. 2 Satz 1 GG) statt vieler Roters, in: I. v. Münch (Hrsg.), Grundgesetz, Kommentar, Bd. 2, 1976, Art. 28 Rdnr. 47.

23 Das BVerwG hat die Ableitung eines Zustimmungsvorbehalts aus der Verfassungsgarantie der kommunalen Selbstverwaltung im Zusammenhang mit Maßnahmen nach § 45 Abs. 1 Satz 1 StVO nur deshalb nicht vorgenommen, weil die Straßenverkehrsbehörden keine Maßnahmen der Bodennutzung, sondern Maßnahmen zur Sicherheit und Ordnung des Verkehrs treffen (Urt. vom 19. 3. 1976, VerkMit. 1976, S. 65/66). Ordnungsrechtliche Einbindung des § 45 StVO und Staatseinbindung des Kompetenzvollzugs nach § 44 StVO entsprechen sich. — Zumindest rechtspolitisch unbefriedigend ist der Vorschlag des DStT, die Straßenverkehrsbehörden zu verpflichten, auf Antrag der Gemeinden Maßnahmen nach § 45 StVO „aus städtebaulichen Gründen" zu erlassen. Damit macht man eine staatliche Behörde im Ermessensbereich zum Vollzugsorgan gemeindlicher Vorstellungen. Auch würde die Verantwortlichkeit verwischt werden.

ßenverkehrsbehörde für die Belange des Umweltschutzes und des Städtebaus angewiesen. Es läge daher in der Logik des dargestellten künftigen materiellen Straßenverkehrsrechts, wenn alle Gemeinden im Zuge der Funktionalreform mit dem Vollzug des „neuen" § 45 StVO betraut würden. Dies hat für den alten Rechtszustand bisher nur Bayern getan[24]. Soweit die Änderung des materiellen Straßenverkehrsrechts nicht mit einer entsprechenden Änderung des Organisationsrechts verbunden ist, wird im Bereich der Verkehrsplanung kreisangehöriger Gemeinden der schon erwähnte Druck auf die in ihrer Disposition stehenden wegerechtlichen Möglichkeiten bestehen bleiben. In den kreisfreien Städten wird die beabsichtigte Novellierung des Straßenverkehrsrechts — dies erscheint mir eine interessante Perspektive zu sein — die Inanspruchnahme wegerechtlicher Kompetenzen eher zurückdrängen. Dies könnte man — etwas salopp — als „Trendwende" bezeichnen. Denn jedenfalls im Bereich der Einrichtung herkömmlicher Fußgängerzonen ist der „Streit" zwischen Straßenrecht und Straßenverkehrsrecht eindeutig — meist unbemerkt übrigens auch mit Billigung des BVerwG[25] — zugunsten der wegerechtlichen Lösung ausgegangen[26]. An die vorausgegangenen Beobachtungen knüpfen sich im übrigen schwierige verfassungsrechtliche Fragen. Denn der Bundesgesetzgeber kann die Erweiterung der Kompetenz der Straßenverkehrsbehörden um den Tatbestand „gesunde städtebauliche Entwicklung" nicht mehr auf die Bundeskompetenz „Straßenverkehr" (Art. 74 Nr. 22 GG) stützen. Er muß auf die Kompetenz „Bodenrecht" (Art. 74 Nr. 18 GG) zurückgreifen[27]. Von der Bestimmung ihres Verhältnisses zur Zuständigkeit der Länder im Bereich des Straßen- und Wegerechts hängt die Beantwortung der Frage ab, ob und inwieweit Maßnahmen nach dem neuen Straßenverkehrsrecht in die Widmung eingreifen dürfen[28].

---

24 Siehe § 1 Art. 1 u. 2 des 3. Ges. z. Vereinfachung verwaltungsrechtlicher Vorschriften vom 28. 4. 1978 (GVBl. S. 172).

25 Urt. vom 19. 3. 1976, BayVBl. 1976, S. 692 = VerkMit. 1976, S. 65.

26 Siehe dazu Steiner, Rechtsprobleme der Fußgängerzone und anderer verkehrsberuhigter Zonen, in: Ein Vierteljahrhundert Straßenrechtsgesetzgebung, 1978.

27 Trotz der Fortentwicklung der Kompetenz „Bodenrecht" zur Kompetenz „Städtebaurecht" (dazu Schmidt-Aßmann, Gesetzliche Maßnahmen zur Regelung einer praktikablen Stadtentwicklungsplanung, in: Veröffentlichungen der Akademie für Raumforschung und Landesplanung, Bd. 80, 1972, S. 111 f.; siehe dens., DVBl. 1972, S. 627/630) bleiben Zweifel, aus dieser Bundeszuständigkeit die normative Grundlage für Regelungskompetenzen herzuleiten, die — wie z. B. die Anordnung von Einbahnstraßen — keinerlei Bezug zu Art und Weise der Bodennutzung haben.

28 Siehe zum Verhältnis zwischen Maßnahmen nach § 45 StVO bisheriger Fassung und dem Widmungsinhalt Peine (Fn. 4), S. 59 ff.; Runkel, Zur Abgrenzung von Straßenrecht und Straßenverkehrsrecht, Diss. Bonn 1977, S. 95 f.; Steiner, ZRP 1978, S. 278 und OVG Rheinland-Pfalz, Urt. vom 21. 10. 1970, VerwRspr. Bd. 22 (1971), Nr. 232, S. 960 (964).

b) Verkehrssonderstatute in Wohnstraßen

Die Lösung der mit dem Thema „Verkehrsberuhigung“ aufgeworfenen und hier bereits angesprochenen Verkehrsführungsprobleme ist im Bereich der Wohnstraßen in jüngster Zeit einen Schritt weiter gekommen. Der zuständige Ausschuß der Konferenz der Europäischen Verkehrsminister (CEMT) hat sich in diesem Jahr darauf geeinigt, unter Auswertung niederländischer und französischer Erfahrungen in den nationalen Straßenverkehrsordnungen durch Änderung des Wiener Übereinkommens besondere Verkehrsstatute für Wohngebiete zu ermöglichen und die in diesen Wohngebieten geltenden besonderen Verkehrsvorschriften durch ein neues Verkehrszeichen zu publizieren[29]. In Holland liegt eine entsprechende Regelung bereits vor[30]. Der Inhalt dieses Verkehrsstatuts läßt sich wie folgt zusammenfassen: Fußgänger können die Straße in ihrer ganzen Breite benutzen. Spiele sind überall erlaubt. Fahrzeuge müssen sich mit einer besonders niedrigen, der genauen Festlegung durch die Mitgliedstaaten zugänglichen Geschwindigkeit, in keinem Falle schneller als 20 km pro Stunde, bewegen. Fahrzeugführer und Fußgänger haben wechselseitig aufeinander Rücksicht zu nehmen: Fahrzeugführer dürfen Fußgänger nicht gefährden oder behindern; sie müssen, falls erforderlich, anhalten. Andererseits dürfen Fußgänger den Fahrzeugverkehr nicht unnötig behindern. Das Parken von Autos ist außer an den Stellen, an denen es durch Verkehrszeichen erlaubt ist, verboten. Über die Möglichkeiten einer Reservierung von Abstellflächen zugunsten von Anliegern in Wohngebieten hat der Ausschuß eine Übereinkunft bisher nicht getroffen. Immerhin sieht aber der schon erwähnte „Entwurf eines Gesetzes zur Änderung des Straßenverkehrsgesetzes“ eine Ermächtigung an den Verordnungsgeber vor, Regelungen über die Schaffung von Parkmöglichkeiten für Anwohner zu treffen (künftige Nr. 14 des § 6 Abs. 1 StVG). Freilich sind die Chancen für eine Realisierung der in Aussicht genommenen straßenverkehrsrechtlichen Neuregelungen gegenwärtig wohl noch nicht exakt abzuschätzen. Dies gilt um so mehr, als dem Bundestag gegenwärtig eine Gesetzesinitiative aus der Mitte des Bundestages vorliegt, deren Ziel es ist, dem Bundestag im Zusammenhang mit dem Erlaß von Rechtsverordnungen durch den Bundesminister für Verkehr im Bereich des Straßenverkehrsrechts ein Einspruchsrecht zu sichern[31].

---

29 Der Inhalt dieses Beschlusses ist einem unveröffentlichten Papier des Ausschusses entnommen (CM [78] 2).

30 Art. 88 a, b und d des Niederländischen Gesetzes über Verkehrsregeln und Verkehrsfahrzeichen in der Fassung vom 27. 8. 1976. Ähnlich ist die Rechtslage in Österreich (§ 76 a Abs. 7 StVO i. d. F. des Gesetzes vom 7. 7. 1976 — 6. StVO-Novelle — BGBl. I, S. 1439).

31 Gesetzentwurf der Abgeordneten Dr. Lenz u. a. zur Änderung des Straßenverkehrsgesetzes, BT-Drucks. 8/744 vom 8. 7. 1977.

III. Umweltorientierte Verkehrsführung aus wegerechtlicher Sicht

1. Möglichkeiten und Grenzen des wegerechtlichen Beitrages zu einer umweltorientierten Verkehrsführung

Im Gegensatz zum Straßenverkehrsrecht und insbesondere dessen vielfältig einsetzbaren Instrumenten der Verkehrsverbote und Verkehrsbeschränkungen eröffnet das Straßenrecht nur begrenzt Möglichkeiten der Einflußnahme auf den Verkehrsablauf. Im Vordergrund steht dabei die Widmung und deren inhaltliche Ausgestaltung; sie kann kombiniert werden mit dem Rechtsinstitut der Sondernutzung und insbesondere der normativen Ausgestaltung von Sondernutzungen an Gemeindestraßen durch die in den Straßen- und Wegegesetzen der Länder vorgesehenen Sondernutzungssatzungen. Wenn ich es richtig sehe, so nutzt die kommunale Praxis gegenwärtig die hier eröffneten Möglichkeiten mangels anderweitiger in ihrer Disposition stehender rechtlicher Grundlagen extensiv. Mit Hilfe der Widmung bzw. mit Hilfe der nachträglichen Widmungsbeschränkung wird dabei Einfluß auf die Nutzung der Straße durch Differenzierung nach Verkehrsarten und Verkehrszwecken genommen. Die (einzelfallmäßig oder generell) erteilten Sondernutzungen korrigieren die durch die Widmung getroffene Zulassungsentscheidung, haben aber auch teilweise die Funktion, die Nutzung der Straße durch bestimmte Verkehrsarten oder für bestimmte Verkehrszwecke durch Auflagen an das Verkehrsverhalten der Sondernutzungsberechtigten zu steuern[32]. Beispiele dafür wurden teils schon erwähnt, teils wird auf sie noch einzugehen sein. Die rechtspolitische Problematik einer umweltorientierten Verkehrslenkung mit Hilfe der Widmung liegt in der Gefahr einer Subjektivierung der Gemeingebrauchsfestlegung, die rechtliche Problematik — sieht man einmal von einem eventuellen Vorrang des Straßenverkehrsrechts ab[33] — in den von den Länderstraßengesetzen der Widmungsdifferenzierung gezogenen Grenzen. Eine Reihe von Bundesländern enthält in ihren Straßen- und Wegegesetzen die Klarstellung, daß die Widmung Fest-

---

[32] Diese Erscheinung ist schon von den herkömmlichen Fußgängerzonen her bekannt. Hier ist häufig die Zulassung des Kraftfahrzeugverkehrs bestimmten Auflagen (gelegentlich auch Bedingungen im verwaltungsrechtlich-technischen Sinne) unterworfen: Schrittgeschwindigkeit, Einräumung des Vorrangs für Fußgänger, Befolgung der Richtungsgebote usw. Kritisch Kodal, Straßenrecht, 3. Aufl. 1978, S. 49.

[33] Siehe dazu BVerwG, Urt. vom 4. 3. 1966, E 23, 325; vom 4. 3. 1966, DÖV 1966, S. 464; vom 28. 11. 1969, E 34, 241; vom 12. 12. 1969, E 34, 320. Aus der Literatur vgl. Kodal (Fn. 32), S. 48, 147, 194, 423 und Engeland (Fn. 11), S. 338 f. Zum Problem der „Umgehung" des Vorrangs des Straßenverkehrsrechts siehe Arndt, Die Ordnung des ruhenden Verkehrs, in: 14. Deutscher Verkehrsgerichtstag 1976, hrsg. v. Deutsche Akademie für Verkehrswissenschaft e.V., 1976, S. 326 (331).

setzungen sowohl in bezug auf bestimmte Verkehrsarten wie auch in bezug auf bestimmte Verkehrszwecke und Benutzerkreise enthalten könne[34]. Damit sind zugleich stillschweigend auch die Möglichkeiten der nachträglichen Widmungsbeschränkung abgesteckt; im Bremischen Straßengesetz ist dies ausdrücklich klargestellt[35]. Aber auch in den Ländern, deren Straßengesetze als Gegenstand der Widmung nur die Festsetzung der „Benutzungsarten" kennen, wird man zumindest für den Bereich der kommunalen Straßen eine widmungsrechtliche Differenzierung nach Verkehrszwecken für zulässig erachten. Dies ist als Bilanz der Rechtsprechung der Verwaltungsgerichte zur Einrichtung von Fußgängerzonen festzuhalten[36]. Diese Kriterien — Verkehrsarten und Verkehrszwecke — stecken andererseits aber auch die Variationsbreite der Widmungsinhalte ab. Dabei ist in Zweifelsfällen zugunsten des gemeindlichen Straßenbaulastträgers zu entscheiden. Denn die Festlegung der örtlichen Straßennutzung durch die Widmung ist Ausdruck der Dispositionsrechte des gemeindlichen Straßenbaulastträgers im Rahmen der kommunalen Selbstverwaltung.

2. Wegerechtliche „Übergangshilfen" bei der Lösung innerstädtischer Verkehrsprobleme

Die bereits angesprochene extensive Nutzung der wegerechtlichen Rechtsinstitute für Zwecke der Verkehrslenkung indiziert das Bedürfnis der Gemeinden nach juristischen Lösungsmöglichkeiten für die Bewältigung innerstädtischer Verkehrsprobleme. Dieses Bedürfnis kann — seine Konstanz vorausgesetzt — langfristig nur durch eine Änderung des materiellen *und* des formellen Straßenverkehrsrechts befriedigt werden. Übergangsweise und insbesondere in der Experimentierphase bietet sich freilich das Wegerecht zumindest in einzelnen Fällen an. Dies gilt beispielsweise für die Einrichtung von gemischt genutzten Wohnzonen. Durch nachträgliche Widmungsbeschränkung in der Form einer Teileinziehung kann hier der gesamte Kraftfahrzeugverkehr ausgeschlossen und auf die Möglichkeit einer Sondernutzung verwiesen werden. Der Zugang zur Wohnstraße durch Inanspruchnahme einer Sondernutzung durch den einzelnen ist an bestimmte Auflagen geknüpft, wie z. B. an die Verpflichtung, dem Fußgängerverkehr und spielenden Kindern den Vorrang einzuräumen. Die Auflagen selbst sind in einer Sondernutzungssatzung enthalten, die den Zugang zur Wohnstraße durch Kraftfahrzeuge erlaubnisfrei stellt, aber an die Einhaltung dieser Verhaltensregeln knüpft. Der naheliegende Einwand,

---

[34] Art. 6 Abs. 2 Satz 3 BayStrWG; § 4 Abs. 1 Satz 3 HessStrG; § 6 Abs. 1 Satz 2 NRWStrG; § 6 Abs. 2 Satz 3 SaarlStrG und § 6 Abs. 1 Satz 2 SHStrWG.

[35] Siehe § 7 Abs. 1 Satz 2 BremStrG.

[36] BayVGH, Urt. vom 11. 11. 1971, DVBl. 1973, S. 508 (509); HessVGH, Urt. vom 9. 5. 1972, DVBl. 1973, S. 510.

die generelle Zulassung des Kraftfahrzeugverkehrs durch Sondernutzung laufe auf eine Aufhebung der Widmungsbeschränkung hinaus und stelle einen gesetzwidrigen Formenmißbrauch dar[37], erscheint mir nicht schlüssig; denn die Zulassung des Kraftfahrzeugverkehrs in solchen Straßen auf der Grundlage des Gemeingebrauchs ist mit der besonderen Funktion solcher Wohnstraßen nicht vereinbar. Es bedarf einer besonderen rechtlichen Inpflichtnahme des Fahrzeugverkehrs, für die das straßenrechtliche Sondernutzungsrecht der legitime Ansatzpunkt ist.

Zu konstruktiver Originalität zwingt der Versuch, mit Hilfe des Straßenrechts eine Lösung des Parkraumproblems in Wohnstraßen herbeizuführen. Es wurde bereits erwähnt, daß die bauliche Umgestaltung von Straßen zu sog. Wohnstraßen den für Kraftfahrzeuge verfügbaren Abstellraum häufig verringert. Dies hat zur Folge, daß der ruhende Verkehr in Wohnstraßen, der nicht auf Anlieger, sondern auf Dritte zurückgeht, in eine störende Konkurrenz zum Anliegerbedarf tritt. Hinzu kommt, daß eine „Verkehrsverdünnung" in Wohnstraßen ohnehin zur Entfaltung deren spezifischer „sozialer" Funktion wünschenswert ist. Dies hat zur Suche nach Wegen geführt, den ruhenden Drittverkehr aus Wohnstraßen mit rechtlichen Mitteln herauszuhalten. Bekanntlich geht nach der Rechtsprechung des BVerwG von der StVO dabei eine doppelte Sperrwirkung für die Einräumung von Parkvorberechtigungen zugunsten von Anliegern aus. Die StVO räumt selbst keine Möglichkeit zu einer entsprechenden Differenzierung zwischen Anliegern und Dritten ein, da solche Differenzierungen nicht ihre Begründung in den Zwecken der „Sicherheit" und „Ordnung" des Verkehrs (§ 45 StVO) finden[38]. Zum anderen beansprucht — ebenfalls nach Auffassung des BVerwG — das geltende Straßenverkehrsrecht für sich, die Nutzung öffentlicher Straßen durch den ruhenden Verkehr ausschließlich zu regeln[39]. Dieser Anspruch steht einer wegerechtlichen Einschränkung des Gemeingebrauchs auf den fließenden Verkehr bei gleichzeitiger Sondernutzungsgewährung für den ruhenden Verkehr der Anlieger entgegen. Es verbleibt aber der bekanntlich von der Stadt Frankfurt beschrittene und auch vom Verwaltungsgericht Frankfurt rechtlich bestätigte Weg einer Teilprivatisierung der Stra-

[37] Zu diesem Gesichtspunkt siehe — teils im Zusammenhang mit der Anwendung wegerechtlicher, teils im Zusammenhang mit der Anwendung straßenverkehrsrechtlicher Ausnahmetatbestände — BVerwG, Urt. vom 9. 6. 1967, NJW 1967, S. 1627 (1630); OVG Lüneburg, Urt. vom 12. 9. 1963, DVBl. 1964, S. 153 und Kodal (Fn. 32), S. 398.

[38] BVerwG, Urt. vom 9. 6. 1967, E 27, 181 (187 f.); v. 22. 1. 1971, E 37, 116 (118 f.); Urt. vom 22. 1. 1971, E 37, 126 (129 f.). Aus der Rechtsprechung im übrigen siehe OLG Düsseldorf, Beschl. vom 27. 4. 1971, DAR 1971, S. 276.

[39] Urt. vom 4. 3. 1966, E 23, 325; Urt. vom 4. 3. 1966, DÖV 1966, S. 464; Urt. vom 28. 11. 1969, E 34, 241 und Urt. vom 12. 12. 1969, E 34, 320.

ßenflächen durch eine flächenbegrenzte Einziehung und deren Überlassung an die Anlieger außerhalb des öffentlichen Nutzungsrechts[40]. Eine solche Maßnahme stellt meines Erachtens nicht den *Vorrang* des Straßenverkehrsrechts in bezug auf eine Regelung des ruhenden Verkehrs in Frage. Sie beansprucht vielmehr den *Vorbehalt* der Widmung, unter dem jede Anwendung des Straßenverkehrsrechts steht[41]. Rechtspolitisch wird man die dargestellten wegerechtlichen Lösungen freilich als „Notlösungen" charakterisieren müssen. Denn sie sind Verkehrssonderstatute in der Form gemeindlichen Sondernutzungsrechts und gehen damit einen Schritt hinter die deutsche Rechtseinheit im Straßenverkehrsrecht zurück. An eine straßenverkehrsrechtliche Observanz hat der Gesetzgeber im Zusammenhang mit der Einräumung von Befugnissen zur Regelung des Sondernutzungsrechts in Satzungsform wohl kaum gedacht. Die Substitution des Straßenverkehrsrechts durch das Straßenrecht kann allenfalls ein vorübergehender Vorgang sein.

IV. „Umverteilung" von Verkehr als Rechtsproblem

Ich darf zuletzt noch ein Problem ansprechen, dessen juristische Brisanz in der Praxis möglicherweise unterschätzt wird. Maßnahmen der Verkehrslenkung können zwar Einfluß auf das Gesamtverkehrsaufkommen im städtischen Verkehrsnetz haben, wenn sie geeignet sind, die Bereitschaft zur Benutzung von Kraftfahrzeugen und insbesondere zur Benutzung eigener Kraftfahrzeuge zu verringern. Sehr häufig aber wird durch Verkehrsberuhigung Verkehr nur verdrängt; Verkehrsverdünnung an der einen Stelle hat Verkehrsvermehrung an der anderen Stelle zur Folge. Aufgrund dieses häufig unvermeidbaren Zusammenhangs werden kommunalpolitische Präferenzentscheidungen notwendig. Verkehr und damit Verkehrsemissionen müssen „umverteilt" werden. Dabei liegen solchen Entscheidungen im Idealfall konzeptionelle Kriterien zugrunde, die das Durchsetzungsvermögen einzelner oder organisierter Interessen als Entscheidungsgrundlage zurücktreten lassen. Aus juristischer Sicht stellt sich die Frage, ob und ggf. in welcher Weise die Interessen der Anlieger solcher Straßen bei Maßnahmen der innerstädtischen Verkehrsführung zu berücksichtigen sind,

---

40 Siehe im einzelnen Marschall (Fn. 10); Kodal (Fn. 32), S. 423; Arndt / Engeland / Vogt, in: 14. Deutscher Verkehrsgerichtstag (Fn. 33), 1976 und VG Frankfurt, Urt. vom 25. 5. 1976, VI/1 — E — 116/75.

41 In der Rechtsprechung sowohl des BVerfG wie auch des BVerwG findet sich durchgehend die Auffassung, daß das Straßenverkehrsrecht das Straßenrecht voraussetzt. Der Straßenverkehr vollziehe sich in dem durch die Widmung bestimmten Rahmen. Siehe z. B. BVerfG, Urt. vom 10. 12. 1975, NJW 1976, S. 559 und BVerwG, Urt. vom 4. 3. 1966, DÖV 1966, S. 464 (465); aus der sonstigen Rechtsprechung vgl. BayObLG, Beschl. vom 9. 7. 1977, BayVBl. 1977, S. 706 (707).

die als Folge der Verkehrsberuhigung an anderer Stelle ihrerseits ein erhöhtes Verkehrsaufkommen hinzunehmen haben. Dieses Problem ist nicht erst bekannt, seitdem die Gemeinden in größerem Umfang Verkehrslenkung durch Umverteilung des Verkehrs betreiben. In den „Richtlinien für straßenverkehrsrechtliche Maßnahmen zum Schutze der Nachtruhe" des Bundesministers für Verkehr vom 29. Mai 1974[42] wird die Anordnung eines Verkehrsverbots zum Schutze der Nachtruhe davon abhängig gemacht, ob zumutbare Umleitungen zur Verfügung stehen. Bei der Auswahl der Umleitungsstrecke ist — so die Richtlinien — darauf zu achten, daß eine Verlagerung des Verkehrslärms nicht zu befürchten ist. Diese Bedingung hat in der Praxis dazu geführt, daß Zurückhaltung der Straßenverkehrsbehörden bei der Anordnung solcher Verkehrsverbote zu beobachten ist. Die Verpflichtung zur Berücksichtigung der „Drittwirkungen" verkehrslenkender Maßnahmen geht über diese dargestellte Pflicht in doppelter Richtung hinaus. Sie ist eine Pflicht des objektiven Rechts und gilt für alle Maßnahmen, deren Folge die dargestellte Verdrängungswirkung ist. Der dogmatische Standort der Pflicht zur Berücksichtigung der Anliegerinteressen kann dabei — je nach der Struktur der Vorschriften — teils der Normtatbestand, teils — wie im Falle des § 45 StVO[43] — die Ermessensfolge sein. Angemessen im Rahmen einer Interessenabwägung ist dabei die Berücksichtigung der Anlieger nur, wenn ihr eine nach dem Stand der Verkehrstechnik mögliche Prognose über die Art und das Ausmaß der Umverteilung des Verkehrs zugrunde liegt. Die Prognose hat demnach eine doppelte Zielrichtung. Sie hat den voraussichtlichen Verkehrsablauf *nach* Durchführung der verkehrsberuhigenden Maßnahme vorauszubestimmen und zugleich die Funktion, das voraussichtliche Emissionswachstum einzuschätzen. Das Ergebnis beider Prognosen ist Grundlage der Interessenabwägung, die Interessenabwägung wiederum Voraussetzung für die Rechtmäßigkeit sowohl straßenverkehrsrechtlicher wie wegerechtlicher wie bauplanungsrechtlicher Umverteilungsmaßnahmen. Diese Interessenabwägung selbst kann dabei nur sehr schwer „vorstrukturiert" werden; das Interesse der Anlieger von Straßen an niedrigen Lärm- und Schadstoffbelastungen ist juristisch grundsätzlich gleichwertig. Eine unterschiedliche Schutzwürdigkeit ergibt sich jedoch aus der unterschiedlichen Lage der Grundstücke. In „Extremfällen" gesprochen bedeutet dies: Verkehrsverdrängung aus einer Wohnstraße in eine andere Wohnstraße ist grundsätzlich unzulässig; Verkehrsverdrängung aus einer Wohnstraße in eine Hauptverkehrsstraße ist grundsätzlich zulässig. Der Spielraum zwischen diesen beiden Sachverhalten ist für städtebauliche und umweltpolitische Kon-

---

[42] Verkehrsblatt 1974, Heft 12, Amtlicher Teil, S. 363; siehe auch VG Hamburg, Urt. vom 16. 1. 1973, VII VG 812/72, S. 12.

[43] Siehe VG Hamburg, a. a. O.

zepte nutzbar. An diese Überlegungen schließt sich zwanglos die Frage an, ob die Anlieger von Straßen, die von der Abdrängung des Verkehrs belastet werden, einen Rechtsanspruch auf Berücksichtigung ihrer Interessen haben und damit ggf. auch eine verwaltungsgerichtliche Kontrolle der verkehrslenkenden Maßnahme herbeiführen können. Sie ist jedenfalls bei Zugrundelegung der Rechtsprechung der Verwaltungsgerichte nicht ohne weiteres zu bejahen, weil die Bestimmbarkeit des von der Rechtsnorm begünstigten Personenkreises zum Wesensmerkmal des subjektiven öffentlichen Rechts gehört[44], der Verkehrsablauf nach Vornahme einer verkehrsberuhigenden Maßnahme jedoch nach den vorliegenden Erfahrungen kaum exakt vorauszubestimmen ist. Räumlich bestimmbar wird man daher den Personenkreis nur in der Weise „machen" können, daß man der Zuerkennung subjektiv-öffentlicher Rechte die Verkehrskonzeption der jeweiligen Gemeinde, bei Fehlen einer solchen Verkehrskonzeption die voraussichtlichen Verkehrsabläufe im Zusammenhang mit der verkehrslenkenden Maßnahme zugrundelegt. Im Falle nicht kalkulierbarer Drittwirkungen kann verwaltungsgerichtlicher Rechtsschutz mit Hilfe der aus Art. 14 GG abgeleiteten Auffangformel von der „schweren und unerträglichen" Betroffenheit beansprucht werden[45].

Die vorausgegangene Problemauslese sollte verdeutlichen, daß die rechtliche Auseinandersetzung mit den gegenwärtig in den Städten und Gemeinden praktizierten Versuchen einer umweltorientierten Verkehrsführung an vielen Stellen mehr beinhaltet als straßenverkehrsrechtliche und straßenrechtliche Routineprobleme. Was den Verkehr beruhigt, ist nicht immer geeignet, auch den Juristen zu beruhigen.

---

[44] Die Verwaltungsgerichte haben das Erfordernis eines bestimmten Personenkreises auf verschiedenen Rechtsgebieten (siehe etwa für das Baurecht BVerwG, Urt. vom 13. 6. 1969, E 32, 173/175) zur Voraussetzung der Anerkennung subjektiver öffentlicher Rechte einzelner gemacht. Speziell zu § 45 StVO siehe BVerwG, Urt. vom 22. 1. 1971, E 37, 112 (114); OVG Hamburg, Urt. vom 15. 11. 1973, VerkMit. 1974, S. 78 (79) und HessVGH, Urt. vom 5. 4. 1977, VerkMit. 1977, S. 95 (96).

[45] Siehe dazu BVerwG, Urt. vom 13. 6. 1969, E 32, 173 (178 f.); Urt. vom 26. 3. 1976, DÖV 1976, S. 563.

Aussprache zu dem Referat von Udo Steiner

Bericht von Michael Ronellenfitsch

Prof. Dr. *Willi Blümel*, Speyer, führte in die von Ministerialrat *Hans-Wolfgang Schroeter*, Bonn, geleitete Diskussion mit zwei Beispielen ein, die zeigten, wie eine umweltorientierte Verkehrsführung mit Mitteln des Straßenrechts erreicht werden könnte: Im ersten Fall zog die Stadt Speyer eine Straße ein, um die Zufahrt des Notarztwagens zu einer Unfallstation zu gewährleisten. Die Zufahrt wurde bislang durch das mit verkehrsrechtlichen Maßnahmen nicht zu verhindernde widerrechtliche Abstellen von Kraftfahrzeugen in der eingezogenen Straße beeinträchtigt. Im zweiten Fall wurden von einem Steinbruch an der Bergstraße durch Lastkraftwagen Steine teils über eine Seilbahn, teils über innerörtliche Verkehrsstraßen bei Steigungsverhältnissen bis zu 14° abgefahren. Da das Landratsamt sich scheute, eine auf § 45 StVO gestützte Maßnahme zu ergreifen, verfügte der zuständige Träger der Straßenbaulast die Teileinziehung einer besonders beanspruchten Straße und beschränkte die Widmung der Straße auf Fahrzeuge bis zu einem zulässigen Gesamtgewicht von 2,8 t. Ob über die Teileinziehung Fälle gelöst werden können, die durch § 45 StVO nicht in den Griff zu bekommen sind, muß nach Prof. Dr. *Blümel* freilich noch durch die Rechtsprechung geklärt werden.

Prof. Dr. *Steiner* erklärte zu den beiden Fällen, er wolle sich aus dem Stand heraus nicht festlegen, gehe aber davon aus, daß Maßnahmen nach § 45 StVO nicht nur Vorrang gegenüber widmungsrechtlichen Maßnahmen hätten. Soweit § 45 StVO die Straßenverkehrsbehörden zu Maßnahmen ermächtige, gingen vielmehr deren Kompetenzen grundsätzlich den Widmungsrechten vor. Andere als ordnungsrechtliche Gesichtspunkte könnten im Rahmen des § 45 StVO nicht berücksichtigt werden. Bei überwiegenden Gründen des Allgemeinwohls müsse man andererseits im Zusammenhang mit Teileinziehungen alle Gründe gelten lassen abzüglich derer, die nach § 45 StVO der Beurteilung und Handhabung durch die Straßenverkehrsbehörden zugänglich seien.

Prof. Dr. *Richard Bartlsperger*, Erlangen, äußerte seine Erschütterung, in welcher Weise Modelle im Bereich des Straßenverkehrsrechts und des Straßenrechts durchexerziert worden seien, um ein bestimmtes kommunalpolitisches Postulat zu erfüllen. Der Jurist lasse sich hier zum Werkzeug zur Durchsetzung einer bestimmten politischen Entscheidung machen. Prof. Dr. *Bartlsperger* befürchtete, daß im Bereich der kommunalen Wege ein Teil des Wegerechts an das Kommunalrecht und Bauplanungsrecht verloren gehe. Die Ordnungskonzeption des Straßenverkehrsgesetzes und des § 45 StVO habe die Funktion erfüllt, den Straßen das zu lassen, was sie sein sollten, nur ordnungsrechtlich verkehrspolizeilich einzugreifen und die Widmung als solche unberührt zu lassen. Dieselbe Grundkonzeption habe auch den traditionellen Regelungen der Straßengesetze zur Widmung und zu den Umstufungen zugrundegelegen. Löse man diese Konzeption nun durch Zwischenregelungen auf, so bestehe die Gefahr, daß dem Wegerecht die ordnungspolitische Funktion verloren gehe, einen normalen Gemeingebrauch zu haben, der auch für den normalen Individualverkehr offen stehe und letztlich durch Art. 2 Abs. 1 und Art. 14 Abs. 1 GG garantiert sei. Zum Frankfurter Fall bemerkte Prof. Dr. *Bartlsperger*, daß es rechtlich nicht möglich sei, Teile aus einer Straße herauszubrechen. Dies habe man schon im Bereich der Außenwerbung versucht, indem man am Standort von Werbeträgern Entwidmungen vornahm, um die Unterwerfung unter das öffentlich-rechtliche Sondernutzungsrecht zu vermeiden. Auf diese Weise werde jedoch die ganze straßenrechtliche Benutzungsordnung liquidiert. Für problematisch gerade unter dem Blickwinkel der vom Referenten vorgetragenen kommunalpolitischen Konzepte hielt Prof. Dr. *Bartlsperger* auch die Möglichkeit, durch gemeindliche Satzungen zwischen Gemeingebrauch und Sondernutzung Verschiebungen vorzunehmen, weil die Erweiterung der Sondernutzung zu Lasten des Anliegergebrauchs gehe. Eine derartige Verschiebung sei aber kein Problem des Satzungsrechts, sondern ein strukturelles Problem des Gemeingebrauchs, der grundrechtsinstitutionalisiert interpretiert werden müsse.

Oberbürgermeister *Werner Hauser*, Kirchheim unter Teck, machte darauf aufmerksam, daß es den Städten wichtig sei, den Gemeingebrauch an den Verkehrswegen zu erhalten. Bei der Einrichtung von Fußgängerzonen werde jedoch die Grenze zum Planungsrecht erreicht, das nicht mehr vom Wegerecht getrennt werden könne. Die Befürchtung, dem Wegerecht gehe hier etwas verloren, sei überzeichnet. Das Wegerecht sei nur Bestandteil des gesamten rechtlichen Rahmens und außerdem seit jeher Teil des Planungsrechts gewesen. Wenn es jetzt im Bereich der Planungen stärker aktiviert werde, so sei das nur zu begrüßen. Vor Entwicklungen wie in Frankfurt müsse jedoch gewarnt werden, da sie zum Prinzip der kommunizierenden Röhre führten. Demgegenüber müsse auf einen gesicherten Gemeingebrauch in allen

Teilen einer Gemeinde Wert gelegt werden. Auch das Delfter Modell hielt Oberbürgermeister *Hauser* für gefährlich, weil dort der Besucher des Wohnquartiers als Störer empfunden werde. Was fehle, sei eine eindeutige rechtliche Qualifizierung der Straßen als Verkehrsfläche.

Ministerialdirigent a. D. *Ernst A. Marschall*, München-Solln, berichtete, daß der Vorgang in Frankfurt bedauerlicherweise in zweiter Instanz durch Vergleich bereinigt worden sei. Sollte ein ähnlicher Versuch erneut gemacht werden, so sei eine höchstrichterliche Entscheidung dringend erforderlich.

In einer Schlußbemerkung verdeutlichte der Referent, daß die gegenwärtig diskutierten wegerechtlichen Konstruktionen nur Notlösungen für den Übergang in einen künftigen Rechtszustand seien. Eine Änderung des geltenden Rechts setze aber das Experimentieren mit wegerechtlichen Möglichkeiten voraus. Die Stadt Frankfurt habe ihr Experiment mit dem Bevorrechtigungsverfahren abgebrochen, weil deutlich geworden sei, daß die aus der Innenstadt abgedrängten Kraftfahrzeuge ihren Weg im benachbarten Wohngebiet suchten. Derartige Erfahrungen würden fehlen, wenn man jedes Experiment juristisch abblocke. Im übrigen sei die Gefahr einer Denaturierung der wegerechtlichen Rechtsinstitute allenfalls ein vorübergehendes Problem. Gefragt werden müsse vielmehr, ob die beabsichtigte Änderung des Straßenverkehrsrechts und insbesondere des § 45 StVO rechtspolitisch und systematisch zu begrüßen sei. Werde § 45 StVO in der Form, in der ihn der Referent vorgestellt habe, geltendes Recht, so führe dies unweigerlich zu einem Terrainverlust des Straßen- und Wegerechts, da es dann wesentlich mehr Eingriffe in die Widmung geben werde als bisher. Sei aber die Klärung des Verhältnisses von Straßenverkehrsrecht und Straßenrecht wichtiger als eine vielleicht nur vorübergehende Überdehnung wegerechtlicher Rechtsinstitute, so stelle sich die Frage, ob das Wegerecht nicht doch neuen Entwicklungen zu öffnen sei und neue, nicht durch den Verkehr, sondern durch andere Nutzungen des Straßenraums definierte Wegetypen geschaffen werden sollten.

Straße und Natur

Zielkonflikte zwischen Straßenbau und Natur- und Landschaftsschutz — Lösungsmöglichkeiten

Von Dieter Engelhardt

Es war für uns eine große Freude, daß Sie an uns die Einladung gerichtet haben, hier aus bayerischer Sicht zu diesem sehr schwierigen Thema einiges vortragen zu dürfen. Ich gebe Herrn Dr. Zeitler vollkommen recht, ich werde sicher nicht über das Thema in philosophischer Weise sprechen, aber gestatten Sie mir es als Praktiker zu tun, der — wie Sie auch — mit diesen Problemen täglich konfrontiert ist, wenn auch von einer anderen Seite her wie die meisten von Ihnen. Ich will einmal die hohe Wissenschaft und die Gerichtsbarkeit hier ausnehmen: letztere kommt ja immer erst am Ende zum Zuge, wenn ich so sagen darf, wenn nämlich die Konflikte schon da sind. Ich möchte also aus dieser praktischen Situation heraus sprechen und, bitte, seien Sie nicht enttäuscht, daß ich dementsprechend nun nicht nur Rechtsmeinungen hier vortrage, sondern den Schwerpunkt eigentlich darauf lege, welches die Probleme sind, die in den letzten Jahren auf uns zugekommen sind, wo die Schwachstellen der bisherigen Lösungswege liegen und was künftig getan werden kann. Dabei bin ich sehr froh, sagen zu können, daß wir in Bayern in einer ausgezeichneten Zusammenarbeit mit dem für den Straßenbau zuständigen Kollegen, Herrn Dr. Zeitler, Herrn Kersten und den Technikern der Obersten Baubehörde, diese Probleme angegangen sind. Wir haben auch in Bayern Schwierigkeiten gehabt und werden sie wieder haben: aber man ist auf einen guten Weg eben aufgrund der Vorschläge, die gemacht worden sind, die Dinge vernünftig zu handhaben. Und ich glaube überhaupt, daß bei all diesen Zielkonflikten zwischen Umweltproblemen — sei es jetzt Lärm oder Naturschutz — das Gespräch mit den anderen, in dem Fall mit den Straßenbauern, notwendig ist. Deren Probleme muß man auch kennen, sonst kann man zum eigenen Bereich keine vernünftigen Vorschläge machen. Bitte haben Sie also auch Verständnis, daß ich Ihnen jetzt ein paar Minuten lang meine Probleme vortrage und erst dann die Verfahrensregelungen, wie wir sie derzeit praktizieren, aufbauend auf den vorhandenen gesetzlichen Grundlagen.

I. Straßenbau in seinen Auswirkungen auf die Natur

Dieses Thema, meine ich, bewegt jeden Menschen in unserem Land, weil er einerseits heute auf das Automobil nicht mehr verzichten wird und andererseits jeder von uns mehr oder minder stark Natur genießen will, sei es in seinem Wohnbereich, sei es bei der Erholung außerhalb dieses Bereichs. Er wird sich immer dann dieses Problems bewußt, wenn er unmittelbar in einen Konflikt verwickelt wird.

Das ist nicht immer so gewesen. Wie Sie wissen, hat man früher den Straßenbau in seinem Verhältnis zur Natur vielleicht etwas mehr als reine Ingenieuraufgabe angesehen. Dennoch betrachten manche die alten Straßen heute fast liebevoll, wenn Sie mir den Ausdruck erlauben, etwa eine alte Brücke im Engadin oder dergleichen. Da geht es auch dem Naturfreund so, daß er diese alten Straßenbauwerke in gewisser Weise schon zu den Bestandteilen seiner Heimat rechnet. Sie sind nicht mehr Fremdkörper. Sie sind nicht das, was ihn heute beschäftigt, sondern sind eigentlich aufgenommen in die Heimat, und es ist bedauerlich, daß diese Übereinstimmung, diese Harmonie zwischen dem Ingenieurbauwerk Straße und dem, was man von der Natur erwartet, also der Vorstellung von der Landschaft, heute so auseinanderklafft. Manche Bemühungen werden wahrscheinlich in die Richtung gehen müssen, diesen inneren Zwiespalt wieder aufzulösen. — Doch ein bißchen philosophiert, Herr Zeitler, aber nur ein klein wenig, wenn Sie erlauben.

Die zweite Phase ist dann gekennzeichnet durch eine Bemühung der Straßenbauer, den Landschaftsraum der Straße zu gestalten. Wir wissen alle, daß die Autobahnverwaltung es war, die seinerzeitige, — man sollte nicht immer alles für schlecht halten, was vor 1945 in diesem Lande gemacht worden ist —, die wohl als erste den Versuch unternommen haben, die Trassierung und die Gestaltung so zu machen, daß die Straße attraktiv wird. Man hat das damals aber mehr aus der Perspektive des Straßenbauers getan. Man hat nicht so sehr darauf geachtet, wie sich etwa diese Straße im Verhältnis zu den anliegenden Wohngemeinden ausnimmt oder gar zur freien Landschaft. Es war also eine etwas einseitige Betrachtung, die aber doch einen gewaltigen Fortschritt brachte. Auch nach dem Krieg ist es im Grunde nicht viel anders gewesen, obwohl Sie mir sicher Recht geben, daß man große Fortschritte gemacht hat, daß also viele der 1936 oder 1934 trassierten Autobahnen, die dann in den darauffolgenden Jahren gebaut wurden, sich nicht messen lassen — auch was die Einbindung in die Landschaft anbelangt —, mit denen, die etwa in den 60er Jahren gebaut wurden. Der Fortschritt wird vollkommen anerkannt. Beispiele hierfür kann ich nur aus dem süddeutschen Raum bringen, weil ich dort die Verhältnisse besser kenne. Sie alle aber kommen zu uns gelegentlich dienstlich oder privat und kennen also diese Probleme auch. Also: die Rhönautobahn etwa ist sicher ein großer Fortschritt gegenüber der Autobahn München—Stuttgart, welche die Landschaft nicht gerade meisterlich bewältigt, immer auf und ab und fast immer gegen die natürlichen Geländeverhältnisse.

Aber erst in den letzten Jahren — und jetzt komme ich zu dem Kern des Problems — kam es zu einem echten Konflikt, weil nunmehr die Notwendigkeit, die Sinnfälligkeit mancher Straße in Frage gestellt wird wegen der zweifelsohne vorhandenen starken Auswirkung auf Natur und Landschaft. Die Diskussion hatte begonnen mit der fast etwas emotionale Debatte über die Alleebäume, ich weiß nicht ob Sie sich noch daran erinnern: das waren so die ersten harten Auseinandersetzungen. Der Naturschutz hat gesagt, die Alleebäume sind ein bereicherndes Element der Landschaft und müssen stehenbleiben, der ADAC hat gemeint, sie müssen fallen. Und dann kam es zu einem Kompromiß etwa in der Mitte. Aber heute ist die Diskussion nun in voller Breite entbrannt, praktisch bei jedem Straßenbau und auch bei manchen kleineren Projekten, es müssen nicht immer Bundesfernstraßen sein, es kann ein Forstweg in einem Naturschutzgebiet, ein Almweg oder eine Zufahrtsstraße zu einem einzelnen Gebäude sein. Gibt es Streit, bilden sich mit Recht oder nicht, das ist die Frage, Initiativen gegen diese Maßnahme. Es werden Briefe geschrieben an Behörden, an das Parlament und es kommt zu heißen Debatten. Warum ist das wohl so? Ich glaube wir müssen uns noch ein paar Minuten befassen mit den Auswirkungen und den Folgen des Straßenbaus auf die Natur. Wobei wir das jetzt bitte ganz emotionsfrei sehen wollen. Die Notwendigkeit des Straßenbaus für alle möglichen menschlichen Zwecke, steht hier nicht zur Diskussion. Und ich möchte nur einmal rein von den Tatsachen her feststellen, wie sich die Baumaßnahmen auswirken und dies ist natürlich ganz erheblich.

An erster Stelle möchte ich nennen, daß der Straßenbau, so wie er in den letzten Jahrzehnten betrieben worden ist, und wie er zum Teil auch noch projektiert ist, obwohl ich gerne zugebe, daß die Kurve jetzt langsam etwas abflacht in der Projektion, einen enormen *Landschaftsverbrauch* bei uns in der Bundesrepublik mit sich gebracht hat. Ich zitiere ganz neutral den Rat der Sachverständigen für Umweltfragen, der sagt, mit zu den größten Umweltproblemen unseres Landes gehöre, daß durch das immer dichter werdende Straßennetz nahezu keine Freiflächen mehr existierten, die nicht in irgendeiner Form von Straßenplanungen oder gar schon von Straßentrassen in Anspruch genommen sind. Und das führt dann zu allen möglichen Erscheinungen, wie zum Beispiel zur Verlärmung der Landschaft und zur, das sage ich jetzt ganz hart, obwohl ich weiß, daß es unvermeidlich ist, zur Massentötung von Tieren. Wir haben also einzelne Jagdreviere bei uns im Lande, wo die sogenannte Wildbestandsregulierung, das sind Abschußzahlen die nach den jagdrechtlichen Richtlinien zu tätigen sind, ohne weiteres durch den Verkehr erfüllt werden. Das ist eine Tatsache. Sie wissen vielleicht, daß man sich in Bayern bemüht hat, in extremen Fällen zum Beispiel an der Autobahn München—Garmisch, fast die ganze Autobahn entlang einen Wildzaun zu errichten. Sie wissen vielleicht auch, daß die Naturschutzbehörde in Bayern sehr ungern, wenn ich das sagen darf, mit einem Kostenaufwand von 200 000,— DM durch die Straßenbauverwaltung nachträglich unter die Garmischer Autobahn einen Amphibiendurchlauß eingebaut hat, weil nämlich nach der Eröffnung des Verkehrs auf dieser neuen Autobahn plötzlich ein Massensterben von Kröten stattfand. Man hatte übersehen, daß die Laichplätze und, sagen wir einmal laienhaft ausgedrückt, Aufenthaltsräume dieser Tiere, gerade beiderseits der Autobahn waren. Wir sind jetzt in der Zwischenzeit soweit, daß wir diese Laichzüge, die ja nur einmal im Jahr stattfinden, kartieren und, wenn neue Straßenprojekte in einem solchen Gebiet anstehen, dann sind die Straßenbauverwaltungen selbstverständlich von vornherein bereit, entsprechende Durchlässe einzuplanen. Das kostet dann auch nur ganz wenig. Aber damals hatte man es nicht gewußt. Immerhin waren wir, meine ich, das erste Land, das einen Betrag von DM 200 000,— zu diesem Zweck aus Naturschutzmitteln zur Verfügung gestellt hat. Das ist ein Detail, aber Sie sehen daran, wie weit die Diskussion gegangen ist.

Neben dem Tiersterben haben wir es mit den Abgasen zu tun. Ich weiß, daß das nicht heute das Thema ist. Aber ich möchte auch nicht verhehlen, daß die Vegetation auch darunter leidet. Es geht auch um die Randbereiche der Verkehrsader. Um nur eine Zahl zu nennen, auf der Autobahn München—Nürnberg, die die stärkst befahrene in Bayern sein dürfte, wird immerhin im Jahr pro laufenden Kilometer die Menge von 140 kg Blei immittiert, eine gewiß sehr beachtliche Dosis.

Man könnte jetzt das Thema Auswirkungen der Straße auf Natur und Landschaft fortsetzen, indem man über die Verdichtung des Bodens spricht, über die Versalzung, die sicher auch nicht leicht zu nehmen ist, vor allem wegen ihrer Auswirkungen zum Teil auf das Grundwasser. Man könnte noch vieles sagen über die Erholungsbeeinträchtigung, aber das ist Ihnen alles bekannt, und ich trage da Eulen nach Athen, weil Sie ja alle diese Klagen täglich auf dem Tisch haben und ich würde Sie jetzt langweilen, das noch einmal aufzuführen. Ich meine, man kann zusammenfassen und sagen, daß Straßen zwangsläufig — und wenn es nicht das Bauwerk ist, dann ist es der Verkehr, der stattfindet —, zu Veränderungen im Naturhaushalt führen und damit die Eigenart und Vielfalt in unserem Lande, sowohl was die Wildpflanzen anlangt als auch vor allem die Wildtiere, beeinträchtigen können, daß sie das Klima verändern können, wenn etwa in einem Talraum eine Barriere errichtet wird, wenn nämlich ein Damm für die Straße quer zum Tal aufgeschüttet wird, und dadurch die Luftventilationsmöglichkeiten beeinträchtigt werden.

Der Straßenbau führt ferner zu optischen Veränderungen. Ich bin sehr vorsichtig, ich will nicht sagen zu Verschlechterungen. Aber viele empfinden es so: es hängt ab von der Trassierung und von den Trassierungsmöglichkeiten und es führt damit auch zu einer Einschränkung der Erholungsmöglichkeiten im Bereich der Straße. Das ist gerade ein Punkt, der irgendwie so signifikant ist für das Problem. Auf der einen Seite brauchen wir heute diese Straßen, um die Menschen etwa der Ballungsräume zu den Erholungsräumen zu bringen, und auf der anderen Seite sind gerade die Straßen, die wir bauen müssen, um diesen Erholungsverkehr zu bewältigen, wiederum oft schwere Eingriffe in die nahegelegenen Erholungsgebiete. Es ist manchmal wie ein Teufelskreis, man baut eine neue Autobahn und stellt hinterher fest, daß man zwar jetzt eine neue Erschließung großer Erholungsräume geschaffen hat, andererseits aber auch im Bereich dieser Autobahn erneut wertvollste Erholungsflächen entwertet hat.

II. Möglichkeiten zum Ausgleich der Konflikte

Viel wichtiger ist es jetzt, weil Sie das alles ja wissen, wenn ich Ihnen ein paar weitere Gedanken vermitteln darf, wie man diese Konflikte lösen kann. Ich will hier zunächst noch nicht die juristischen Fragen ansprechen, denn sie sind eigentlich bloß verfahrensmäßige Grundlage. Die Verwaltung bemüht sich ja nicht zu streiten, sondern eine Lösung zu finden und nur wenn es der Interessenausgleich erfordert, daß eine echte Entscheidung getroffen wird, dann wird man das Gesetz des näheren betrachten. Zunächst einmal bemühen sich beide Seiten, aus diesen Konflikten heraus Lösungen zu finden. Und ein paar Gedanken dazu darf ich Ihnen anbieten, die natürlich nicht in erster Linie von mir selbst stammen, sondern aus den vielen Diskussionen in unserem Land. Zunächst einmal sollte man immer sehen, daß die Straße im Verhältnis bleiben muß zu der Landschaft, in der sie gebaut wird. Sie alle kennen die Brenner-Autobahn in Italien. Ich will nicht über die Notwendigkeit dieser Hauptverkehrsader Nord—Süd hier diskutieren. Wir kennen die Verhältnisse vor dem Bau und die Pläne, die man jetzt hat, nämlich eine Eisenbahn unterirdisch zu bauen. Aber eines muß man doch in aller Deutlichkeit sagen, daß dieses Tal — vom Brenner herunter nach Bozen — durch die Form, wie es hier notwendig war, eine Autobahn zu bauen, in einer Weise landschaftlich beeinträchtigt worden ist, die wirklich nur noch als gravierender Eingriff betrachtet werden kann. Es ist eine an vielen Stellen sehr enge Talsenke mit einer Schnellverkehrsstraße beaufschlagt worden, deren Übereinstimmung der Landschaft hier einfach nicht herzustellen war. Man kann eine „elegante" Autobahn bauen in einem Gelände, wo man die entsprechenden Radien in Harmonie mit der vorhandenen Landschaft herstellen kann. In dem engen Eisacktal ist das nicht möglich. Also verfällt man auf Kunstlösungen und es kommt zu diesen aufgeständerten gigantischen Bauwerken, welche die Landschaft im Talraum verfinstern und den Tunnelröhren, die sich von den Bergen aus ansehen wie Geschützmündungen eines Schlachtschiffes. Ich will jetzt hier nicht anklagen. Ich stelle nur dies als ein extremes Beispiel fest, wie verheerend sich eine solche Planung auf die Landschaft auswirken kann. Und deswegen meine ich, das ist ein erster Punkt, sollte man versuchen, — das geschieht ja auch weitgehend —, wenn man die Trassierung einer neuen Fernstraße vornehmen muß und mehrere Alternativen zur Verfügung hat, die Trasse in den Bereichen zu führen, in denen eine gewisse Übereinstimmung des vorgegebenen Landschaftstypus mit der Straße herstellbar ist. Das ist in der Regel in diesen engen Talräumen eben nicht der Fall, aber leichter wäre es, wenn Sie ein flacheres Gelände wählten, also etwa nicht den Talraum, sondern das darüberliegende Plateau. Lassen Sie mich noch einmal ein Beispiel bringen, das Sie noch besser kennen, die Führung der Eisenbahnlinie den Rhein entlang. Eine ähnliche Straßentrassierung wäre verheerend, denn hier werden die Wohnbereiche der Rheinuferorte von den Uferbereichen getrennt. Daher ist es auch verständlich, daß das Projekt einer uferseitigen Umgehungsstraße bei Eltville einen solchen Streit hervorgebracht hat.

Ein zweiter Punkt, der mir sehr wichtig zu sein scheint, ist, daß man doch sehr sorgfältig prüfen sollte, ob man überhaupt eine neue Trasse wählt. Wir alle wissen, welchen Zwängen die Straßenbauer unterliegen. Sie sollen eine optimale Befriedigung der Verkehrsbedürfnisse, auch strukturpolitische Effekte erzielen bei einem minimalen Aufwand. Sie sollen also alle Fliegen mit einer Klappe schlagen, und dann kommen auch noch die Naturschutzbehörden und sagen: aber hier wollen wir sie auf gar keinen Fall. Und dennoch hat es sich gezeigt, daß es oft möglich ist, zum Beispiel an Stelle einer Neutrassierung eine Erweiterung vorhandener Verkehrswege vorzunehmen. Also zum Beispiel statt einer neuen Autobahn die vorhandene Autobahn von bisher vier Fahrspuren auf sechs zu erweitern. Der enorme Vorteil ist, daß die gesamten Zufahrten, die Anschlußstellen und alles andere, was mit einer Autobahn zwangsläufig verbunden ist, bereits vorhanden sind.

Sicher müssen diese Anlagen erweitert werden. Aber es müssen nicht neue Zubringerstraßen hingebracht werden, während bei einer neuen Trasse immer all diese zusätzlichen Einrichtungen auch noch benötigt werden.

Außerdem ist die Verlärmung nicht sehr viel größer von einer sechsspurigen Straße wie von einer an derselben Stelle verlaufenden vierspurigen. Wenn statt dessen eine neue Trasse parallel geführt wird, dann haben Sie zwischen den beiden Trassen einen großen Bereich, der zusätzlich beaufschlagt ist mit all den Dingen, die ich Ihnen gerade vorgetragen habe. Es wäre auch falsch, immer nur über Autobahnen zu sprechen. Die sind nun sicher notwendig, und das wird von uns auch gar nicht bestritten, von anderen wird es allerdings bestritten. Ich erinnere mich an eine Diskussion, die sehr hochkarätig besetzt war, an der ich teilnehmen mußte, mit alpinen Organisationen. Der Deutsche Alpenverein forderte klipp und klar: keine weitere Autobahn mehr im Alpenraum, keine weitere Verkehrserschließung. Diese klare Forderung befindet sich auch in seinem Programm. Er übersieht dabei, daß beispielsweise die Einwohner eines Talraumes in den Alpen, wenn Sie mir erlauben als Beispiele Garmisch-Partenkirchen oder Füssen zu nennen, an schönen Wochenenden total eingesperrt sind. Sie sind einfach nicht mehr in der Lage, aus ihrem Wohnbereich irgendwohin, wo sie vielleicht aus familiären oder beruflichen Gründen fahren müssen, unter normalen Bedingungen auszureisen, weil der Erholungsverkehr von in der Frühe bis in die Nacht diese Bereiche einschnürt. Er steht pausenlos auf den vorhandenen Straßen, so daß die Menschen gar nicht mehr herein- oder herauskommen können. Bei so extremen Verhältnissen ist es einfach notwendig, diesen Mitbürgern zu helfen und die Naturschutzbehörden können sich nicht dagegen wehren.

Aber was wir echt anprangern, und das möchte ich jetzt einmal an anderen Beispielen darlegen, ist, daß auch unnötig gebaut wird. So kenne ich den Brief eines Landrats, der vorträgt, man habe eine Straße an einem Fluß entlang gebaut bis zum Punkt A und auf dem anderen Ufer ist schon eine Bundesstraße ausgebaut. Jetzt möchte man gerne weiterbauen von A bis B. Aber der Naturschutz ist dagegen. Wie stünden wir denn da, wenn wir von A bis B nicht bauen dürften, dann sieht ja jeder, daß der Straßenbau bis A unnötig war. Also mit der Begründung, daß eine vielleicht unnötige erste Maßnahme nicht als unnötig dargestellt werden kann, soll auch eine weitere unnötige Baumaßnahme erfolgen. Verstehen Sie bitte, das sind kleine Dinge, aber die zeigen auf, gegen welche Mentalität angekämpft werden muß. Es kann doch nicht Sinn der Sache sein, daß Steuermittel hier verbraucht werden, um eine unnötige Erschließung aus einer gewissen

Selbstrechtfertigung heraus herzustellen. Darf ich Ihnen noch ein weiteres Beispiel nennen. Als die Almwirtschaft auf eine bekannte Alm im Oberbayerischen eine Straßenerschließung wünschte, wurde die Trassierung sehr sorgfältig überlegt; man hat sich zusammengerauft und hat zum Schluß gesagt, gut, wir nehmen das hin; aber es geht immer noch um die Straßenbreite. Und wissen Sie, was jetzt kommt: Die Straßenbreite sei vorgegeben durch die Benutzung bestimmter Baufahrzeuge. d. h., obwohl die Straße nur mit Traktoren befahren werden soll, müsse man sie so breit bauen, daß gewöhnliche Lastwagen dort fahren können. Hier ist ein Engpaß. Ich verstehe das schon, weil eben momentan keine andere Möglichkeit bestanden hat, die Straße zu bauen. Aber es ist doch unerträglich, daß die Landschaft nur deswegen mit einer meinetwegen 4,50 m breiten Straße belastet wird, obwohl der Verkehr dann auf einer 2,50 m breiten Straße erfolgen könnte, bloß damit nicht eine andere Bauart, die man bisher nicht geübt hat, zur Anwendung gebracht wird. Man hat sich in der Zwischenzeit auch hier geeinigt, und ich will diesen Fall nur als Beispiel dafür bringen, daß im kleinen durchaus etwas steckt an Einsparungsmöglichkeiten. Oder nehmen Sie noch einen anderen Fall aus dem Alpenvorland: Dort finden Sie eine 4 km lange Sackstraße zu vier Bauernhöfen, die 5,50 m breit und geteert ist. Es fährt der einzelne Bauer zwei- bis dreimal und einmal der Schulbus. Vorher war es ein Feldweg von 2,50 m Breite. Frage: Warum wird die Straße 5,50 m breit? Sie wissen es, warum sie so breit ist! Ich habe es mir sagen lassen: Weil die Zuschüsse für bestimmte Straßenvorhaben dieser Art nur gegeben werden, wenn die Straße diese Breite erreicht. Aber jetzt frage ich Sie, bei 4 km Länge durch ein Moor muß die Straße 5,50 m breit sein? Vom Verkehrsaufkommen her würden einige Ausweichen bei einer 3,50 m breiten Straße vollkommen genügen. Die Unterhaltung dieser Straße ist auch nicht gerade eine kostenfreie Angelegenheit. Der Verlust an Landschaft und Natur in diesem Raum ist nur durch eine m. E. in dem Fall ungeschickte Richtlinie verursacht.

Das Stichwort war, brauchen wir überall noch Straßen, können wir nicht andere Lösungen finden?

Nun erlauben Sie ein Wort zur Trassierung. Wenn man sich einig ist, daß eine neue Straße oder eine Erweiterung oder Umgehung benötigt wird, dann geht es immer um die Trasse. Und auch hier stelle ich immer wieder fest, daß Sie in enorme Schwierigkeiten geraten. Sicher sind die Zielkonflikte vorgegeben wegen des Lärms, wegen der Baukosten, wegen des Naturschutzes; aber es gibt eben Fälle, wo man einfach einmal konsequent sein muß. z. B. bei uns am Ammersee hat man den Gemeinden vor dem Krieg eine Umgehungsstraße gebaut. Die ist nach dem Krieg ausgebaut worden zu einer Schnellstraße, die den heutigen

Anforderungen jetzt auch nicht mehr genügt. Jetzt fordern gewisse Gemeinden, daß eine weitere Umgehungsstraße gebaut wird. Sie akzeptieren nicht, daß man diese vorhandene Umgehungsstraße erweitert. Die neue Umgehung würde wieder auf Kosten der Landwirtschaft und der Natur gehen; denn wo wollen sie noch eine weitere Straße in dem Raum unterbringen? Sie können das nur in unberührter Natur, in diesem Fall in einem Schutzgebiet. Die Raumordnungsbehörde hat gesagt: Nein, das kommt nicht in Frage; und ich nehme an, daß es jetzt auch akzeptiert wird. Aber das ist ein typisches Beispiel, wie eben durch Forderungen von anderer Seite die Straßenbauverwaltungen manchmal zwischen die Mühlsteine geraten und es notwendig ist, auch einmal diese Aspekte voll einzubringen.

Nun möchte ich, weil dieses Problem ja immer im Vordergrund der Beratungen stand, die Gestaltung des Straßenraumes auch nicht ganz außer acht lassen. Früher ist eigentlich nur über diesen Punkt geredet worden. Das, was ich jetzt gerade gesagt habe, war nicht Gegenstand der Erörterungen: Das hat man eigentlich als selbstverständlich hingenommen. Heute sind die Probleme, über die ich gerade sprach, der eigentliche Kern der Auseinandersetzungen. Aber nehmen wir nun einmal an, wir sind uns hier einig geworden, dann geht es um die Gestaltung. Muß ich sagen, was heute an Leistungen erbracht wird auf diesem Gebiet? Es ist gegenüber früher einfach enorm. Die Gestaltung der Straßenränder und Böschungen, Art und Zahl der Bäume und Sträucher, auch die Methode, mit der die Begrünung vorgenommen wird — man macht es nicht mit jämmerlichen Stecklingen, sondern bemüht sich, bereits halbe Wälder an die Autobahnböschungen zu bringen, das ist wirklich eine fabelhafte Sache. Es ist auch möglich, und das ist ein neuer Aspekt, daß man im Zuge solcher Begrünungen und Bepflanzungen neue Elemente in die Natur hineinbringt, die die Natur zu dem Zeitpunkt nicht mehr aufweist. Hier ist eine echte Chance, daß Sie uns helfen, eine gewisse Vielfalt in der Landschaft wieder zu erreichen. Ich darf das an einem Beispiel erläutern. Vielleicht kennen Sie die alte Autobahntrasse nach Regensburg. Sie ist vor dem Krieg angelegt worden, ist aber nie ganz ausgebaut worden; da liegen heute z. T. einzelne Fahrbahnteile oder auch einmal eine ganze Fahrbahntrasse brach. Und der ganze Straßenraum, der nicht genutzt wird, hat sich zu einem Natureldorado entwickelt, wie wir es in diesem niederbayerischen, intensiv landwirtschaftlich genutzten Gebiet sonst nicht hätten. Also der Straßenbau, der allerdings nicht vollzogen wurde, hat neue Vegetationseinheiten und gleichzeitig Lebenseinheiten für Tiere geschaffen, die vorher nicht mehr vorhanden waren. Nun kann man das natürlich nicht so betreiben, indem man eine Autobahn zunächst plant und dann liegen läßt, das weiß ich. Das ist auch nicht mein Gedanke. Aber es gab uns dieses Beispiel die Anregung bei der Gestaltung von Straßenräumen, ähnliche Begrünungen vorzuschlagen, wie sie sich dort von allein entwickelt haben in den 40 Jahren, in denen eben nichts passiert ist. So besteht etwa eine echte Chance z. B. sogen. Magerrasen, das sind bei uns sehr knapp gewordene Flächen, neu anzulegen. Lassen Sie mich noch ein lustiges Beispiel zu diesem Thema anführen. Neulich bekamen wir einen Brief aus dem Gäuboden, das ist ein Löslehmgebiet bei Straubing mit höchster Bonität der landwirtschaftlichen Böden; dort gibt es nur noch sehr wenig Vegetation außerhalb der Mais- und Rübenfelder. Der Schreiber hat sich darüber sehr beklagt, daß entlang einer Industriebahn (keine Straße, aber es ist dasselbe Problem) die vorhandene Bepflanzung abgeschnitten worden sei. Er hat gesagt: Das war das einzige Vegetationsband, das in dem Gebiet überhaupt noch vorhanden war, und das hat man unsinnigerweise abgeholzt. In solchen Gegenden hat der Straßenbau eine Möglichkeit, neu wieder etwas Leben in die Landschaft zu bringen. Ich bin nicht unbedingt für die Alleen. Sie sind problematisch, wenn man nicht genug Platz hat, die Bäume entsprechend weit von der Straße abzusetzen. Aber das Prinzip, das dahintersteckt, daß auch die Straße in einer solchen Landschaft eine gewisse Bereicherung bedeutet, sollte beachtet werden. Man kann also nicht immer nur sagen, die Straße muß ein Eingriff sein; es kommt ganz darauf an, wie sie liegt und in welcher Verbindung sie mit der Umwelt gebracht wird.

Nun möchte ich zu den Forderungen kommen, die der Naturschutz heute an den Straßenbau stellen muß, wobei ich mir voll bewußt bin, daß das in der Bundesrepublik uneinheitlich ist, daß man nicht sagen kann, daß, was für die Alpen gut ist, ist gut auch für die Ostsee usw. Aber man kann die Gedanken, die aus den Fragen der verschiedenen Behörden oder Planer gesammelt wurden, einmal ansprechen und zum Nachdenken anregen.

Ich will jetzt nicht nochmals von der Notwendigkeit des Straßenbaus sprechen. Aber man sollte von unserer Seite den Straßenbauern Vorgaben machen, ihnen Fakten geben, die diese Belange, die ich vorgetragen habe, sichern helfen. Dazu gehört in erster Linie, und das ist dankenswerter Weise jetzt im Gange, daß die Flächen, die man für so empfindlich hält, daß sie möglichst nicht von neuen Straßen beaufschlagt werden, kartiert. Die Bundesforschungsanstalt für Raumordnung und Landesplanung, die z. Z. eine Untersuchung in dieser Richtung durchführt, hat die Bundesforschungsanstalt für Naturschutz und Landschaftsökologie, die wiederum mit den Länderbehörden zusammenarbeitet, gebeten, solche Flächen zu katalogisieren. Es ist eine große Liste herausgekommen. Ich möchte hier nur markante Beispiele bringen. Dazu gehören etwa die Naturschutzgebiete, wobei unter Naturschutzgebieten nur gemeint sind, die streng als Naturschutzgebiete geschützten Flächen, nicht Landschaftsschutzgebiete und sonstige Flächen, die einen gewissen Schutz erfahren. Die Naturschutzgebiete haben also eine hohe Priorität und, um eine Zahl zu nennen, sie machen in Bayern z. B. rd. 1,5 % der Landesfläche aus. Eine solche Zahl kann man m. E. auch durch Straßenbaumaßnahmen verschonen, vor allem auch deshalb, weil ein großer Teil im Hochgebirge liegt. Aber auch hier ist der Schutz noch nicht mit Sicherheit gewährleistet. So enthält etwa die Schutzverordnung des größten Naturschutzgebiets, das wir bei uns im Lande haben, das ist das Naturschutzgebiet Ammergauer Berge, das sich von Garmisch-Partenkirchen bis Füssen erstreckt, Vorbehalt für den Bau der Queralpenstraße von Füssen nach Garmisch.

In den neueren Verordnungen haben wir solche Vorbehalte nicht mehr. Dadurch sind die Zielkonflikte aber nicht ausgeräumt; denn über das Problem, ob im Rahmen der Planfeststellung solche Schutzgebiete evtl. doch beeinträchtigt werden können, darüber möchte ich am Schluß noch etwas sagen. Solche Gebiete sollten unseres Erachtens jedoch frei bleiben. Ferner sollte auch versucht werden, flußbegleitende Flächen, als die wenigen Uferbereiche unserer Flüsse, die der Vergangenheit noch nicht wie am Rhein beidseitig mit Verkehrsadern belegt worden sind, nun als Straßentrassen zu verwenden. Man sollte dann lieber, Sie erlauben den Vergleich, hinten herum gehen, als das Tal nochmals mit einer Straße zu nutzen. Ebenso wird man Einzelschöpfungen der Natur schonen. Das ist sicher selbstverständlich. Ich weiß, daß das auch in der Vergangenheit nie gemacht worden ist, daß man etwa die Extern-Steine im Teutoburger Wald nicht mit einer Straße durchschneiden wird. Man kann die Empfindlichkeit der einzelnen Kategorien mit gewissen Kriterien versehen. Jedoch wird es letzten Endes immer auf den Einzelfall ankommen.

Über die Bepflanzung der Trassen habe ich gesprochen. Ich wollte nur als letztes noch etwas über den sogen. *Ausgleich* sagen. Sie wissen, daß in den gesetzlichen Bestimmungen eine Reihenfolge in der Abwägung vorgesehen ist: Daß zunächst geprüft werden muß, ob man nicht die Trasse so legen kann, daß möglichst kein Eingriff in Natur und Landschaft erfolgt; wenn das nicht vermeidbar ist, wird ein Ausgleich gefordert. Was ist das? Darüber ist viel gestritten worden; aber in der letzten Zeit hat sich hier bereits eine Einigung angebahnt. Ich darf Sie darauf hinweisen, daß die Umweltministerkonferenz im Oktober 1977 sich hierüber geäußert hat und daß dann anschließend die Leiter der Straßenbauverwaltungen der Länder sich damit befaßt haben und in einem Schreiben vom Februar 1978 bereits die weitgehende Übereinstimmung hergestellt worden ist, und zwar dahingehend, daß eben der Ausgleich der Versuch ist, den durch das Straßenbauwerk und seine Wirkungen ausgelösten Eingriff durch aktive Maßnahmen des Straßenbaues auszugleichen. Diese Maßnahmen beziehen sich eben nicht gerade auf die Straße, denn wenn sie sich auf die Straße bezögen, dann wären es ja Maßnahmen, die der Verhinderung dieses Eingriffs dienten. Sie sind vielmehr an anderer Stelle, wenn auch im Zusammenhang mit dem Straßenprojekt vorzunehmen. Typisches Beispiel: Es muß ein Erholungswald in Großstadtnähe für eine Neutrassierung gerodet werden, weil er aus Zwängen heraus nicht verschont bleiben kann; und da ist es etwa gelungen, an anderer Stelle eine Fläche aufzuforsten. Oder: Es muß durch eine neue Trasse ein Feuchtgebiet, etwa ein Teich, zugeschüttet werden. Dann ist es durchaus nicht abwegig, an anderer Stelle, etwa dort, wo Kies für die Dammschüttung gewonnen wird, einen entsprechenden Teich herzurichten und als Lebensraum für die Tierwelt oder auch als Erholungsgebiet, je nach dem worum es hier ging, wieder zu erstellen. Das sind Ausgleichsmaßnahmen, wie sie der Gesetzgeber in § 8 des Naturschutzgesetzes vorsieht.

Ich müßte eigentlich auch etwas sagen über den *Straßenverkehr* und die *Unterhaltung;* denn es ist ja nicht nur der Bau als solcher, der sich als Eingriff auswirken kann, sondern es handelt sich natürlich auch um Wirkungen des Verkehrs und der Unterhaltung. Ich habe diese Fragen aber schon im groben miteinbezogen. So habe ich bereits vom Salz gesprochen und von den Abgasen. Aber ich erwähne sie deshalb noch einmal, weil auch hier ein Ansatzpunkt ist, Eingriffe zu lindern. Seit Jahren sind aus den Bereichen der Straßenbauverwaltungen an wissenschaftliche Einrichtungen Forschungsaufträge vergeben worden, um das Problem des Salzens zu lösen. Sie kennen das Ergebnis, den Meinungsstand heute, besser als ich. Es sind nur wenige Erfolge bisher erzielt worden. Aber eines hat sich gezeigt, daß man z. B. durchaus in der Lage ist, in besonders gefährdeten Gebieten, wo also dieses Salz zu hohen Vegetationsschäden oder gar zu Grundwasserschäden führen kann, eben entsprechende Vorsorgemaßnahmen zu treffen, z. B. eine Entwässerung durchzuführen, einen Graben zu ziehen oder Vorpflanzungen vorzunehmen, also resistente Pflanzen hinzubringen, so daß die schutzwürdigen Bereiche etwas abgeschirmt sind.

Oder man könnte auch daran denken, ob man bei einer Neupflanzung im Straßenraum nicht durch eine geschickte Auswahl der Bepflanzung erreichen kann, daß die Tiere kein Interesse mehr haben, über die Straße zu wechseln. Da müßte man allerdings gewisse Bepflanzungen nicht zu nah an die Fahrbahn heranrücken. Es gibt Tierarten, die sich nicht weit von ihrem Unterschlupf entfernen. Wenn sie dann 10 Meter Abstand halten, dann kommt z. B. ein Igel nicht mehr so leicht auf die Fahrbahn. Sicher spreche ich da auch im Interesse der Autofahrer, denn wen freut es, wenn er an einem schönen Tag eine Autofahrt macht und dabei ein „Schlachtfeld" befahren muß. Wir sollten uns hier wirklich bemühen, durch eine solche Vorsorgemaßnahme wenigstens das Äußerste zu verhindern.

Zur Salzung möchte ich nur noch feststellen, daß es Straßen gibt, bei denen sie m. E. nicht notwendig ist. Das sind sicher nicht die Autobahnen und die Fernstraßen; aber es gibt viele Ortsstraßen, in denen so wenig Verkehr herrscht, daß es tatsächlich möglich ist, wie auch im benachbarten Ausland, darauf zu verzichten. Es ist oft auch ein bißchen Bequemlichkeit dabei, wenn von den Gemeinden gefordert wird, unbedingt zu salzen, sehr zu Unrecht, denn wenn ein bißchen langsamer gefahren wird, dann geht es auch.

Ich will Ihre Aufmerksamkeit nicht zu lange in Anspruch nehmen, aber ich muß jetzt noch kurz auf die *Verwaltungsverfahren* eingehen. Die Vorschläge, die wir hier machen können, gehen von der Erkenntnis aus, daß wir beiderseits etwas tun müssen, diese Probleme zu lösen. Sie beruhen auf den gesammelten Erfahrungen und auf der Basis der geltenden gesetzlichen Bestimmungen. Natürlich steht dabei der Bereich der Bundesfernstraßen im Vordergrund der Überlegungen, obwohl meine Blickrichtung nicht nur auf ihn gerichtet ist. Aber er wird immer in der Diskussion, weil hier die wichtigsten Probleme anstehen, an erster Stelle genannt. So sind etwa Richtlinien des Bundes für das Planfeststellungsverfahren nicht auf dem neuesten Stand. Es wäre wohl nötig, sie im Hinblick auf die in der Zwischenzeit gewonnenen Erkenntnisse und die geänderte Rechtslage vorzuschreiben. Ich möchte ferner darauf hinweisen, daß § 29 des Bundesnaturschutzgesetzes ein Verbandsbeteiligungsrecht gerade im straßenrechtlichen Planfeststellungsverfahren vorschreibt, das bloß noch nicht überall praktiziert wird, weil der Bund und die Länder diese Verbände noch nicht anerkannt haben. Aber sowie die Verbände miteingeschaltet werden, wird natürlich von der Seite auch sehr stark auf die Einhaltung dieser Erfordernisse gedrungen werden; und es ist sicher gut, wenn Sie darauf gerüstet sind. Zur Zeit ist nur in Niedersachsen eine neue Richtlinie über das Verhältnis Straßenbau/Naturschutz in Kraft. In anderen Ländern, wie bei uns in Bayern, sind Richtlinien beraten worden. Über die Lösungen, die wir hier anstreben, werde ich nachher noch etwas sagen. Aber man sollte sie, wie gesagt, von vornherein nicht nur auf Bundesfernstraßen beziehen, sondern auf alle Straßen, die der Planfeststellung unterworfen sind, also auch auf Gemeindestraßen, auf Staatsstraßen oder auf die Straßen der Kreise, weil sie oft heute bei der Vermaschung und der Verdichtung des Netzes eine erhebliche Rolle spielen, und gerade hier all das, was sie für die Bundesfernstraßen an Gedanklichem schon investiert haben, dort noch nicht soweit herunter gesickert ist. Hier wird oft noch viel rigoroser vorgegangen, als es etwa eine oberste Landesstraßenbaubehörde, die sich voll dieser Problematik bewußt ist, tut. Ich möchte auch nicht versäumen darauf hinzuweisen, daß im Land sehr viel Straßen durch die Flurbereinigung gebaut werden und daß alles das, was wir jetzt über Straßen sagen, genau so gilt für die Planfeststellungsverfahren der Flurbereinigung, nämlich den Wege- und Gewässerplan nach § 41 Flurbereinigungsgesetz.

Ausgangspunkt ist, daß das Bundesnaturschutzgesetz — ich möchte das Waldgesetz nicht ausdrücklich erwähnen, weil es im Grunde in die gleiche Richtung mündet — die Straßenbaubehörde, wie alle Behörden verpflichtet, sich auch zu bemühen, die Ziele des Naturschutzes mit zu verwirklichen. Natürlich ist es nicht ihre primäre Aufgabe. Aber dort, wo es möglich ist, sollen sie es tun. Ich hatte — glaube ich — die Möglichkeit, Ihnen einige Vorschläge in der Richtung vorzutragen. Das zweite ist, daß die Naturschutzbehörden *beteiligt* werden müssen. Das ist nicht neu, das ist eine „uralte Regelung", die bereits in § 20 des Reichsnaturschutzgesetzes von 1935 niedergelegt worden war und in die Ländernaturschutzgesetze übernommen worden ist. Aber sie hat natürlich gerade jetzt eine besondere Aktualität, weil eben der Konflikt häufig ausgeräumt werden kann, und das ist ein erster Vorschlag, den ich machen möchte: man nimmt die Beteiligung so *rechtzeitig* vor, daß noch keine Verfestigung der Standpunkte eingetreten ist. Ein Grund für die Verfestigung der Standpunkte kann sein, daß bereits freiwillig Grund erworben wurde oder bereits Zusagen gegenüber Mandatsträgern über eine bestimmte Trassierung gemacht worden sind. Dann ist es oft besonders schwierig, von einer bestimmten Vorstellung wieder abzurücken. Einige der gravierendsten Fälle, die ich in meinem Bereich habe, waren immer durch aus meiner Sicht vorschnelle Zusicherungen, die Straße so oder so zu bauen, bedingt. Man hätte, wenn man vorher gesprochen hätte, häufig eine Lösung, die beiden Seiten gerecht wird, finden können. Dann war es zu spät, dann kam es zum großen Konflikt. Es ist also sicher auch im Interesse der Straßenbauverwaltung, die Naturschutzbehörden frühzeitig zu beteiligen. Umgekehrt muß die Naturschutzbehörde — und das ist die zweite Forderung — *operable* Daten oder Darstellungen an die Straßenbaubehörden geben. Es hat keinen Sinn, nur allgemeine Bedenken vorzutragen, sondern den Straßenbauverwaltungen ist nur gedient, wenn exakte Aussagen gemacht werden, was etwa vermieden werden sollte, welche empfindlichen Flächen umgangen werden sollten, welche Trassierung etwa eher in Frage käme. Natürlich müssen solche Vorschläge dann von der Straßenbauverwaltung noch technisch überprüft werden. Es sollten auch Maßnahmen, wie etwa ein Amphibientunnel oder die von mir vorgeschlagene Beachtung des Tiertodes bei der Bepflanzung von den Naturschutzbehörden von sich aus in das Verfahren eingegeben werden; anderenfalls kann man nicht verlangen, daß die Straßenbaubehörden sich jetzt auch noch um die Frösche kümmern. Nur wenn die Probleme bekannt sind, kann bei gutem Willen — und den unterstelle ich — geholfen werden. Es wird sicher auch nötig sein, wenn Sie die Bemerkung hier erlauben, daß die Fachplaner des Straßenbaus etwas mehr über diese Dinge erfahren. Bayern ist stolz darauf, eine eigene Naturschutzakademie zu besitzen, die nicht dazu dient, nur einen Dialog zwischen Naturschützern zu pflegen, sondern als Plattform für Gespräche zwischen den Kollegen des Straßenbaus, der Flurbereinigung und anderer Fachverwaltungen und dem Naturschutz zu dienen. Bei solchen *Seminaren* spürt man echt den Fortschritt und das Verständnis nimmt zu. Und damit wird auch die Problemlösung leichter. Es ist also eine Forderung, daß die Kontaktaufnahme möglichst frühzeitig erfolgt und daß die Abstimmung in jeder Planungsphase durchgeführt wird. Es läßt sich im Rahmen des nunmehr sehr komplizierten Planungsrechts auch vollziehen, wenn ich auch zugeben muß, daß dieses langsam sehr unübersichtlich geworden ist. Auf dem Gebiet ist in letzter Zeit mit Recht einiges geschrieben worden. Man kann auf all die Fragen, etwa auf das Verhältnis des § 16 des Fernstraßengesetzes zur Landesplanung, hier nicht eingehen. Ich möchte aus praktischer Sicht nur sagen, je eher desto besser und stetig. Aber es gibt einige Schwerpunkte, und auf die möchte ich noch eingehen. Der erste Schwerpunkt ist der, daß es gar keinen Sinn hat, immer nur den Straßenbau verantwortlich zu machen, wenn ein Gebiet nach Meinung von uns zu sehr mit Straßen belastet wird. Die Ursachen liegen ja gar nicht bei den Straßenbauern, sondern an der Tatsache, daß immer noch in erster Linie die Straße dem Verkehr folgt, also der Tatsache, daß etwa ein Tal aufgesiedelt worden ist und daß jetzt ein Bedürfnis besteht, die Straße zu verbreitern. Um langfristig einen bestimmten Raum vor übermäßiger Verkehrserschließung zu sichern, wäre es notwenig dafür Sorge zu tragen, daß dieser Raum nicht zu stark besiedelt wird. Das ist eine Aufgabe, die Sie nicht lösen können; da müssen wir gemeinsam auf die *Landesplaner* blicken und müssen unsere Vorstellungen der Entwicklung von Räumen in die *Gesamtkonzepte* einbringen. Das gilt im großen wie im kleinen. Für die Ortsplanung ebenso wie für die Bundesraumordnung, die Landesplanung und die Regionalplanung. Nur wenn es gelingt, hier schon die Weichen zu stellen, kommen wir nicht am Tage X plötzlich in diese Konfliktsituation, wie ich sie im Garmischer Tal geschildert habe, daß die Leute gar nicht mehr aus ihren Wohnungen heraus können. Denn dann ist Not am Mann und dann können sie nicht anders als noch eine Autobahn zu bauen. Das ist natürlich für die Praxis sehr weit hergeholt, das weiß ich, aber ich meine, es ist ein wichtiger Punkt. Ich bin also sehr froh, daß für die zweite Fortschreibung des Bedarfsplans für die Bundesfernstraßen jetzt erstmals versucht wird, so empfindliche Räume, wie ich vorher beispielhaft erwähnte, mit einzubeziehen. Wir haben dasselbe in Bayern in unserem Landesentwicklungsprogramm gemacht, wir haben also Zielvorgaben aufgenommen über die zu schützenden Räume, wobei wir im Alpenraum einen gewissen Modellfall entwickelt haben. Hier sind verbindliche Ziele darüber enthalten, welche Verkehrserschließungen zum Beispiel in bestimmten Ruhezonen für Touristikverkehr landesplanerisch überhaupt nicht mehr zulässig sind. Das war ein erster Schritt in dieser Richtung, vom Gesamtkonzept her eine Steuerung vorzunehmen.

Bei der eigentlichen Fachplanung, ich meine jetzt den Vorentwurf, kommt es zu der Abstimmung mit den übrigen Belangen. Das ist Ihnen ja bestens bekannt. Hier ist der Naturschutz einer der einzustellenden Belange. Die Abstimmung wird bei großen Projekten in den meisten Ländern im sogen. *Raumordnungsverfahren* durchgeführt. Dieses Verfahren liegt vor dem eigentlichen Planfeststellungsverfahren, also ehe der Bauentwurf ausgearbeitet wird. Hier stellen wir immer wieder fest, daß der Naturschutz und der Straßenbau u. U. zur Einigung kämen, wenn nicht andere Belange, die natürlich genauso zu beachten sind, gegenläufig wären. Bei einem Beispiel am Ammersee bringt die Gemeinde vor, aus Lärmschutzgründen wolle sie die Straße im Naturschutzgebiet. Wir sagen natürlich dazu, sie hätte ja die bauliche Entwicklung da nicht hinlenken müssen. Die Straße sei schon seit zwanzig Jahren da. Der eigentliche Kern des Konflikts liegt aber nicht am Straßenbauer. Er ist in dieser Phase des Verfahrens auch noch nicht zur Entscheidung aufgerufen, sondern der Landesplaner. Wenn es diesem gelingt, eine vernünftige Lösung vorzuschlagen, dann ist der Straßenbauer in einer etwa besseren Lage für das Planfeststellungsverfahren.

Ich möchte jetzt nicht mehr weiter auf das Raumordnungsverfahren eingehen und zum Schluß eigentlich das Verfahren ansprechen, das uns von der rechtlichen Verbindlichkeit her besonders am Herzen liegt, nämlich die eigentliche Trassenfestsetzung mit allem Drum und Dran einschließlich der Ausgleichsmaßnahmen: Das ist die *Planfeststellung* oder in Fällen in denen sie nicht erforderlich ist, das entsprechende Genehmigungsverfahren. Der Teil des Plans, der die Belange des Naturschutzes und der Landschaftspflege betrifft, heißt seit Inkrafttreten des Bundesnaturschutzgesetzes *landschaftspflegerischer Begleitplan:* Ein komplizierter Ausdruck. Gemeint ist, daß entweder der Plan selbst, der die Straße festsetzt, diese Belange mit enthält oder daß sie selbständig, aber mit der gleichen Rechtsverbindlichkeit in einem Begleitplan festgestellt werden. Der Begleitplan wird von der Straßenbauverwaltung erarbeitet. Diese Aufgabe obliegt ihr genauso wie die übrige Planung, Aber es handelt sich um einen Fachteil, der eben die Eingriffe in Natur und Landschaft mildern soll und den Ausgleich herzustellen hat. Die Naturschutzbehörden müssen rechtzeitig ihre Unterlagen beibringen. Es müssen Gespräche geführt werden, wobei es m. E. gleichgültig ist, ob, wie in einigen Ländern, routinemäßige Kontaktgespräche stattfinden oder ob man sich über die einzelnen Projekte unterhält. Die Maßnahmen, die in diesem Begleitplan festgelegt werden, habe ich im wesentlichen schon dargestellt. Es sind alle Maßnahmen zur Erhaltung und Sicherung des Naturhaushalts und des Landschaftsbildes sowie der Erholungseignung der Landschaft. Ob der Plan nebst diesem landschaftspflegerischen Begleitplan oder mit entsprechenden Festlegungen im Plan selbst festgelegt wird, ist eine Frage der Zweckmäßigkeit. Man wird den Begleitplan wählen, wenn es sich um sehr große Eingriffe handelt, so daß die Übersichtlichkeit in dem Straßenplan leiden würde. Man wird keinen eigenen Begleitplan machen, wenn es so einfacher ist. Das Ganze kommt nun in die Planfeststellung; jetzt kommt der schwierige Prozeß, in dem die Interessen ausgewogen gegeneinander abgewogen werden müssen. Ich möchte meinerseits hierzu nur sagen: Ich beneide Sie nicht um diese Aufgabe, die Sie kraft Gesetzes hier haben. Ich weiß, daß es sich hier um eine der schwierigsten Aufgaben der Verwaltung handelt, gerade für die Straßenbaujuristen bei den Ämtern. Man kann sagen, daß es durch die neue Gesetzgebung, vor allem den § 8 Bundesnaturschutzgesetz und die dazu wohl demnächst zu erlassenden Ausführungsbestimmungen der Länder etwas leichter geworden ist. In der Prioritätensetzung ist völlig unbestritten, daß die Belange des Naturschutzes und der Landschaftspflege als gleichrangig mit anderen abgewogen werden müssen, aber es ist auch genauso unbestritten, daß sie nicht allein den Ausschlag geben und daß in bestimmten Fällen, wie der Gesetzgeber in § 8 Abs. 4 Bundesnaturschutzgesetz sagt, nämlich, wenn ein überwiegendes öffentliches Interesse besteht, an dieser Stelle die Trasse zu verwirklichen, der Naturschutz zurückstecken muß. Für solche Fälle allerdings, und das ist ein neues Problem, können die Länder im Wege der Gesetzgebung anderweitige *Ersatzmaßnahmen* festsetzen. Worum handelt es sich hier? Vermutlich um einen Geldbetrag, etwas anderes wird nicht herauskommen. Die Umweltministerkonferenz hat sich am 22. 9. 1978 entschlossen, allen Ländern zu empfehlen, eine solche anderweitige Ersatzmaßnahme vorzusehen. Baden-Württemberg hat bereits eine Konstruktion, von der ich allerdings meine, daß sie etwas zu weit geht. Denn der Maßstab einer Ersatzabgabe sollte wirklich nur sein der Ausgleich, der an anderer Stelle noch in Natur möglich wäre. Wenn eine bestimmte Straße im Naturraum A so gebaut werden kann, daß mit einem gewissen Ausgleich der Eingriff ausgeglichen werden kann, dann kostet dieser Ausgleich meinetwegen soundso viel qm Aufforstung. Das ist m. E. der Maßstab, der auch im Raum B angesetzt werden muß, wenn dort aus irgendwelchen Gründen der Ausgleich in Natur nicht möglich ist. Es sollte aber nicht so sein, daß hier nur nach Kubikmeter umbauten Straßenraums eine pauschale Abgabe geleistet wird, denn dann kämen wir in die Nähe einer allgemeinen Straßenabgabe für die Eingriffe in die Natur, die nicht beabsichtigt ist. Wir möchten bloß die Gleichbehandlung erreichen. Wo ein Ausgleich in Natur nicht möglich ist, sollte er anderweitig sichergestellt werden. Dieses Rechtsinstitut besteht übrigens bereits im Bayerischen Naturschutzgesetz für den Baumschutz. Wenn bei einem Bauvorhaben geschützte Bäume entfernt werden müssen, kann heute schon verlangt werden, daß eine gewisse Abgabe an die Gemeinde entrichtet wird, um an anderer Stelle Bäume wieder anzupflanzen, falls dies auf dem Grundstück des Bauerwerbers nicht mehr möglich ist. Sicher handelt es sich hier auch um ein rechtliches Problem. Es ist bekannt, daß einige Juristen hier schon Bedenken aus verschiedenen Gründen geäußert haben. Ob solche Ländergesetze erlassen werden, und ob sie verfassungsrechtlichen Bestand haben, das kann man heute noch nicht sagen. Der Beschluß der Umweltministerkonferenz ist jedenfalls eine Absichtserklärung der zuständigen Ressorts.

Jetzt komme ich auf einen letzten Punkt, der mir allerdings auch am Herzen liegt, und Sie erlauben bitte, daß ich ihn ganz kurz noch vortrage. Er ist in der Vergangenheit ein bißchen heruntergespielt worden; aber ich fürchte, daß er in den nächsten Jahren uns allen Mühe machen wird; und wir sollten daher alle unvoreingenommen über dieses Thema nachdenken. Es handelt sich um die Frage, ob die für Eingriffe geltenden Regelungen auch bei Eingriffen in *Schutzgebiete* gelten. Die Regelungen des Bundesnaturschutzgesetzes zu dieser Frage geben zu erheblichem Streit Anlaß. Der Streit besteht z. Z. mit dem Bundesverteidigungsministerium, nicht mit Ihnen. Aber er könnte morgen auch bei Ihnen hochkommen.

Die Eingriffsregelungen der §§ 8 und 9 Bundesnaturschutzgesetz stehen im Abschnitt III. Sie enthalten keine Aussagen über Schutzgebiete. Die Schutzgebiete sind im Bundesnaturschutzgesetz im darauffolgenden Abschnitt IV geregelt. Ferner enthalten die Schlußbestimmungen zwei Paragraphen, die auch gewisse Aussagen machen, nämlich § 31 über Befreiungen und § 38 über bestehende, vorrangige Projekte oder Planungen der Bundeswehr, Bundespost usw.

Ausgangspunkt ist die Auslegung, daß durch das Planfeststellungsverfahren, etwa nach dem Bundesfernstraßengesetz (das ist am bekanntesten; es würde aber ebenso für das Bundeswasserstraßengesetz das Bundesbahngesetz gelten), auch für den Fall, daß z. B. ein Naturschutzgebiet berührt wird, die dann nach der Naturschutzgebietsverordnung notwendige Befreiung oder Erlaubnis (weil ja der Straßenbau dort zunächst nicht gestattet ist) in der Regel jedenfalls ersetzt wird. Das ist unstrittig, würde ich sagen. Aber jetzt kommt die zweite Frage, ob diese Erlaubnis und die Befreiung zu erteilen ist, ist im Rahmen der Abwägung der verschiedenen Interessen mitzuentscheiden. Das ist die eine Meinung. Das würde auch bedeuten, daß nach § 9, wenn das so richtig ist, etwa der zuständige Bundesminister letzten Endes die Entscheidung zu treffen hätte, wenn Streit besteht. Die andere Meinung, und die halte ich für richtig, das sage ich offen, obwohl ich weiß, daß ich mich hier zu der Diskussion einigen erheblichen Angriffen aussetze, besagt folgendes: Die Regelung des Bundesnaturschutzgesetzes geht klar davon aus, daß geschützte Gebiete zunächst unberührt bleiben von den Vorschriften der §§ 8 und 9. Aus den §§ 31 und 38 kann man folgern, daß, bevor eine Planfeststellung Platz greifen kann, die materiellen und formellen Voraussetzungen eines Eingriffs in ein solches Schutzgebiet erst geschaffen werden müssen, d. h. es muß eine Erlaubnis oder Befreiung erteilt werden. Der bayerische Gesetzgeber hat im Bayerischen Naturschutzgesetz hier eine elegante Lösung gefunden: Wenn in einem Verfahren eine solche Befreiung notwendig ist, aber ein anderes Verwaltungsverfahren läuft (es muß also nicht eine Planfeststellung sein, es könnte auch ein bloßes Genehmigungsverfahren sein, aber die Planfeststellung ist das typische Beispiel —), so ersetzt die Planfeststellung auch die naturschutzrechtliche Befreiung. Aber sie muß den materiellen Voraussetzungen des Naturschutzgesetzes entsprechen und die Naturschutzbehörde muß zustimmen. Ich nehme an, daß viele von Ihnen die materiell-rechtliche Seite möglicherweise auch noch akzeptieren, daß Sie sagen, die Befreiung muß materiell erteilt werden, genauso wie im Wasserrecht eine wasserrechtliche Erlaubnis. Die erteilt dann eben die Planfeststellungsbehörde. Sie werden aber vielleicht Zweifel haben, ob die formelle Seite noch erfüllt werden muß, nämlich die Naturschutzbehörde zustimmen muß, und das ist, glaube ich, der Kern des Streits. Da gibt es sicher unterschiedliche Auslegungsmöglichkeiten. Ich bin der Meinung, daß das Gesetz ziemlich eindeutig meinen Standpunkt rechtfertigt, weil die Motive zu § 38 sagen, daß sich Neuplanungen von in § 38 an sich privilegierten Vorhaben, wie etwa den Straßenbau, an die naturschutzrechtlichen Gegebenheiten halten müssen, wie jeder andere. Und jeder andere heißt natürlich, es bedarf einer Befreiung. Ich komme zu der Auslegung, daß im Verfahren nach dem Fernstraßengesetz sowohl die materielle wie die formelle Erfordernis zwar von der Konzentrationswirkung erfaßt wird, aber sie materiell und formell vorliegen muß. Der Straßenbauer braucht also die Zustimmung des Naturschutzes.

Wir haben in Bayern bisher hier keinen Konflikt gehabt. In der Richtlinie ist vorgesehen, daß auf der Mittelinstanz diese Dinge einvernehmlich abgeglichen werden. Und wenn keine Einigung möglich ist, der Vorgang der obersten Behörde vorzulegen ist. Was dann passiert, darüber enthalten unsere Vorschläge noch keine Aussage. Das Problem ist also noch etwas im unklaren gelassen, auch ein bißchen in der Hoffnung, daß es vielleicht in der Zwischenzeit durch die Rechtsprechung geklärt wird oder daß eben im Einzelfall immer eine Einigung möglich ist. Aber ich wollte auf diese echte rechtliche Problematik hinweisen, weil die Erörterung von Naturschutzbelangen ohne Einbeziehung der Schutzgebiete zu einseitig wäre. Im übrigen möchte ich zur Planfeststellung nur noch anführen, daß der festgestellte Plan in der Ausführung auch alles beinhalten muß, was zum Landschaftsteil gehört. Es ist an sich selbstverständlich. Die hier gefundenen Grundsätze sollten grundsätzlich auch für alle sonstigen Straßenplanungen gelten, wenn auch nicht mit dem relativ komplizierten Verfahren.

Ich bin mir bewußt, daß ich Sie etwas strapaziert habe. Da Sie mich als Praktiker eingeladen haben, hielt ich mich für verpflichtet, Ihnen eingehender darzulegen, wo uns der Schuh wirklich drückt und wo wir die Möglichkeit der Konfliktlösung sehen. Ich darf Ihnen aber auch sagen, daß es derzeit nur Ihr Bereich, der Bereich des Straßenbaus ist, in dem eine solche Diskussion geführt werden kann. Es war bisher keine Gelegenheit mit der Bundeswehr, der Bundesbahn, der Post, der Wasserstraßenverwaltung oder der für die Strukturpolitik verantwortlichen Verwaltung in dieser Form zu diskutieren, weil hier einfach noch nicht die Bereitschaft für eine solche echte Sachdiskussion da ist. Die Probleme liegen nämlich bei den anderen Bereichen rechtlich ähnlich; da gab es bisher keine Grundsatzdebatten, sondern nur den Konflikt im Einzelfall. Ich meine, daß die Lösungen, die der Straßenbau hier in den verschiedenen Ländern und auch beim Bund gemeinsam mit den Naturschutzbehörden sucht, echte Musterbeispiele für eine Auflösung von Zielkonflikten auch für andere Verwaltungsbereiche abgeben kann. Das ist meine echte Überzeugung, und deswegen war ich sehr froh, daß Sie mir so lange Ihre Aufmerksamkeit gewidmet haben. Vielen herzlichen Dank!

Aussprache zum Referat von Dieter Engelhardt

Bericht von Bodo Bahr

Unter der Leitung von Ministerialdirigent Dr. *Herbert Zeitler*, München, fand eine rege, teils kontrovers geführte Diskussion statt. Im Mittelpunkt standen, neben Fragen der klageweisen Durchsetzung von Naturschutzbelangen (I.), der Zersiedelung der Landschaft und Abhilfen durch großräumige Planungen (II.), vor allem Probleme des ausgleichsauslösenden Eingriffs und die Bindungswirkung der Zustimmung in Planfeststellungsverfahren (III.). Angesprochen wurden weiterhin umweltempfindliche Räume sowie die Durchführung überholter Straßenbauplanungen (IV).

I.

1. Vorsitzender Richter am Verwaltungsgericht *Hellmuth Roth*, Darmstadt, äußerte sich zur Durchsetzbarkeit der Naturschutzbelange und zur abschnittsweisen Durchführung der Planfeststellung.

Er wies darauf hin, daß Klagen gegen die Beeinträchtigung schützenswerter Gebiete kaum vom Eigentümer — in den meisten Fällen sei dies ein Bundesland — sondern von Bürgerinitiativen oder Naturschutzvereinen erhoben würden, denen es an der Klagebefugnis fehle. Es sei sehr schwer, überhaupt einen aktivlegitimierten Bürger zu finden. Bezüglich der Planfeststellung wandte er sich gegen eine „Salami-Taktik“, d. h. die stückweise Durchführung der Planfeststellung in unproblematischen Abschnitten, um die Betroffenen in den restlichen Abschnitten der Planung in faktische Zwangssituationen zu bringen.

2. Ministerialdirigent Dr. *Engelhardt* griff den Einwand auf und forderte darüber hinausgehend, schon im Vorstadium eines Planfeststellungsverfahrens die Gesamttrasse zu begutachten. Die Tendenz gehe in der derzeitigen Praxis auch dahin, mindestens die Raumordnungsverfahren so durchzuführen, daß erst einmal das Gesamtprojekt abgeklärt werde. Die Detail- und Feintrassierung könne dann durchaus in Abschnitten erfolgen.

II.

1. Referent für Verkehrsfragen Dr. Ing. *Karl-Geert Kuchenbecker*, Mainz, führte aus, daß die Raumordnung erst gegen die Zersiedelung

der Landschaft vorgegangen sei, als diese schon sehr stark vorangeschritten war. Die Raumordnungspläne hätten in diesem Punkt zudem nur empfehlende Wirkung, so daß die Einwirkungen auf die Gemeinden nicht sehr groß seien. Für den Naturschutz sei jedoch durch das Raumordnungsverfahren die Möglichkeit gegeben, rechtzeitig alle diesbezüglichen Gesichtspunkte einzubringen. Ein Mangel liege aber darin, daß der Naturschutz oft wenig Unterlagen habe. Erst wenn solche Unterlagen, z. B. Landschaftsrahmenpläne, überall vorhanden seien, könnten die Belange des Naturschutzes stärker berücksichtigt werden.

2. Ministerialdirigent Dr. *Engelhardt* stellte klar, daß bereits besiedelte Bereiche in bezug auf ihre verkehrsmäßige Erschließung nicht vernachlässigt werden dürften, daß aber bei künftigen großräumigen Planungen die Folgelasten für die Landschaft durch den „Vollzug des Siedlungsgeschehens" berücksichtigt werden sollten. Das Raumordnungsverfahren sei zwar von großem Vorteil, löse allerdings nicht das Problem der richtigen Gewichtung der verschiedenen Interessen durch den Raumordner.

III.

1. Ministerialrat Dr. *Hans Carl Fickert*, Düsseldorf, ging auf den Begriff des ausgleichsauslösenden Eingriffs in § 8 Bundesnaturschutzgesetz und die Bindungswirkung der Zustimmung im Planfeststellungsverfahren ein. Er wandte sich gegen die Festlegung von Positivkatalogen in den Landesnaturschutzgesetzen über das, was ein Eingriff sei. Seiner Ansicht nach ist es nicht angängig, eine formelle Zustimmung der Naturschutzbehörde bei Erlaß des Planfeststellungsbeschlusses zu fordern, nachdem diese im Anhörungsverfahren schon beteiligt war und ihre Belange im Beschluß bereits berücksichtigt sind. Eine Zustimmung bedeute, daß der Planfeststellungsbeschluß ohne diese nicht ergehen könne, und er habe starke Bedenken, ob dies noch mit der Konzentrationswirkung der Planfeststellung übereinstimme.

2. Oberregierungsrat *Holger Reichmann*, Hamburg, wies darauf hin, daß der Naturschutz bei der Abwägung öffentlicher Belange gleichrangig neben anderen Belangen stünde und ihm keine Priorität zukomme. Er forderte die Naturschutzbehörden auf, nicht zu hohe, nicht realisierbare Forderungen an die Straßenplaner zu stellen und schon bei Stellung ihrer Forderungen andere, möglicherweise widerstreitende öffentliche Belange mit zu berücksichtigen.

Die Durchführung einer Ausgleichsmaßnahme im Sinne des § 8 Bundesnaturschutzgesetz ist seiner Ansicht nach problematisch, wenn nur privates Grundeigentum zur Verfügung steht, da das Naturschutzgesetz in derartigen Fällen kein Enteignungsrecht vorsehe und die Belange des Naturschutzes auch kaum so schwerwiegend sein dürften, daß sie eine Enteignung rechtfertigen würden.

3. Prof. Dr. *Willi Blümel*, Speyer, beklagte die Festlegung von Zustimmungsvorbehalten für die Planfeststellungsbehörden in den Landesgesetzen. Wo sie jedoch normiert seien, könne nicht unter Berufung auf die Regelung der Konzentrationswirkung der Planfeststellung in § 18 b Bundesfernstraßengesetz davon ausgegangen werden, daß die Vorbehalte der Landesgesetze für landesrechtliche Planfeststellungen nicht bindend seien. Besonders kompliziert werde die Problematik dadurch, daß neuerdings in gesetzlichen Regelungen landesrechtliche Planfeststellungen bundesrechtliche Planfeststellungen ersetzten. Genehmigungs- und Zustimmungsvorbehalte wie diejenigen im Naturschutzrecht seien der Tod des Rechtsinstituts der Planfeststellung.

4. Ministerialrat Dr. *Fickert* vertiefte die Begründung seiner These mit dem Argument, daß es dem Abwägungsgebot widerspreche, den in Frage stehenden Zustimmungsvorbehalt als bindend anzusehen. Da das Abwägungsgebot ein Gebot mit Verfassungsrang sei, habe sich diesem alles andere unterzuordnen.

5. Prof. Dr. *Blümel* entgegnete, aus dem Abwägungsgebot könne nicht geschlossen werden, daß landesrechtliche Genehmigungsvorbehalte nicht greifen. Er verwies dabei auf das atomrechtliche Genehmigungsverfahren, bei dem trotz Abwägung wegen der Konkurrenz der gesetzlichen Regelungen auch nicht die volle Konzentrationswirkung der Genehmigung erreicht werde.

6. Ministerialdirigent Dr. *Engelhardt* erläuterte den Begriff des Eingriffs näher und ging davon aus, daß nicht jede straßenbauliche Maßnahme als Eingriff im Sinne des § 8 Bundesnaturschutzgesetz anzusehen sei. In der Regel werde aber mit einer Neubaumaßnahme, also neuen Trassierungen von überörtlichen Straßen, ein Eingriff verbunden sein, während dies beispielsweise bei Kurvenbegradigungen und Erweiterungen in die Breite zu verneinen sei.

Den Angriff, der Naturschutz stelle zu extreme Forderungen, wies er zurück. Diese Forderungen seien in der Vergangenheit allenfalls nicht präzise genug formuliert worden; man bemühe sich aber immer mehr, dies zu vermeiden. Jedenfalls könne von den Straßenverwaltungen erwartet werden, daß sie bei Neubaumaßnahmen, die Eingriffe darstellen, etwas Positives für die Natur tun. Dabei müsse der gesamte Straßenraum mit sämtlichen Auswirkungen auf die Natur in die Erwägungen einbezogen werden. Allerdings könne ein Eingriff in ein Schutzgebiet nicht so gravierend sein, daß dieses seine Existenz nicht aufrechterhalten könne.

7. Prof Dr. *Richard Bartlsperger*, Erlangen, ging auf die Konzentrationswirkung und die Ausschließlichkeitswirkung der Planfeststellung ein. Die Annahme der fehlenden Bindungswirkung eines Zustimmungs-

vorbehalts unter Berufung auf das planungsrechtliche Abwägungsgebot (s. u. III, 4.) sah er als unhaltbar an. Das planungsrechtliche Abwägungsgebot sei verfassungsrechtlich bedingt durch den Schutz der privaten Belange, d. h. im Vorfeld der Enteignung müsse das Prinzip der Verhältnismäßigkeit durch hoheitlichen Eingriff realisiert werden und dies geschehe im Planungsrecht durch die planerische Abwägung. Hier gehe es aber um die Koordination öffentlicher Belange; deshalb sei eine verfassungsrechtliche Garantie der Ausschließlichkeitswirkung der Planfeststellung über dieses Argument nicht zu erreichen. Er führte die Zuständigkeitsprobleme im Verhältnis von Bund und Ländern in bezug auf Straßen auf die Zersplitterung der Hoheitskompetenzen in diesem Bereich zurück und befürwortete zur Lösung dieser Probleme eine einheitliche einzige Hoheitsgewalt bezüglich der Straßen.

Die Gelenkstellen für den Einbau der Naturschutzbelange bestünden bei den Bundesfernstraßen über § 16 Abs. 1 Bundesfernstraßengesetz und im Rahmen des Raumordnungs- und Landesplanungsrechts über das Raumordnungsverfahren.

8. Ministerialrat Dr. *Fickert* setzte dem entgegen, daß das Bundesverwaltungsgericht die Frage der Abwägung nicht aus dem Vorfeld des Art. 14 GG entnommen habe, sondern aus dem Rechtsstaatsprinzip des Art. 20 GG. Er hatte ferner Bedenken, ob die volle materielle Konzentrationswirkung überhaupt erreicht werden könne und ging davon aus, daß man sich mit einer beschränkt materiellen Konzentrationswirkung, nämlich der Beachtung des materiellen Rechts, zufriedengeben müsse.

IV.

1. Regierungsdirektor Dr. *Erich Gassner*, Bonn, schnitt in seinem Diskussionsbeitrag vor allem die Problematik der umweltempfindlichen Räume an. Ergebnis der bisherigen Arbeit in diesem Bereich sei eine Typisierung dieser Räume, z. B. im Hinblick auf die Zerschneidung bestimmter Landschaftsteile, auf die vorhandenen Flußtäler usw. Nunmehr gehe es um die Individualisierung dieser Räume in Zusammenarbeit mit den Ländern und dem Ziel, bei der Abwägung die volle Tragweite der Bedeutung dieser Räume erkennen zu können.

2. Dr. *Franz Otto*, Witten, warf die Frage nach der Notwendigkeit der Anpassung einer überholten Straßenplanung auf. Oftmals seien Straßen schon Anfang der 70er Jahre im Planfeststellungsverfahren gewesen und würden heute ohne Berücksichtigung der veränderten Verhältnisse und Rechtslage unter Berufung auf ein abgeschlossenes Planfeststellungsverfahren gebaut. Gemeinden, die vor einigen Jahren die Notwendigkeit einer Bundesstraße oder deren Ausbau bejaht haben und heute im Hinblick darauf, daß andere Belange in den Vorder-

grund getreten sind, von dieser Vorstellung abrücken, blieben mit ihren diesbezüglichen Einwendungen unberücksichtigt. Dr. *Otto* forderte, daß von Planfeststellungsverfahren, die vor längerer Zeit durchgeführt wurden, nicht unendlich lange Gebrauch gemacht werden sollte und daß die Gemeinden vor Beginn einer Maßnahme, die sich auf ein solches „altes" Planfeststellungsverfahren stützt, erneut gehört werden sollten.

3. In seinem Schlußwort griff der Referent das Problem überholter Straßenplanungen auf und wies darauf hin, daß sich in Bayern die Straßenbauverwaltungen darum bemühten, jedenfalls im Rahmen der Planfeststellung neueren Erkenntnissen noch Rechnung zu tragen. Rechtliche Schwierigkeiten würden sicherlich bei bereits ausgesprochener Planfeststellung auftreten, weil dann bereits die Rechtsposition Dritter berührt sei. Es sei allerdings sehr problematisch, mit stark veralteten Bescheiden heute noch Planungen realisieren zu wollen.

Straßenplanung, Umweltbelastung und verwaltungsgerichtlicher Rechtsschutz

Von Heribert Bickel

I. Ergebnisse einer empirischen Untersuchung

Straßenplanung — und dieses Schicksal teilt sie mit anderen, vom technischen Fortschritt her geprägten Bereichen — steht auf allen Planungsebenen in einem natürlichen Spannungsverhältnis zur Umwelt: Straßen können eine Landschaft zerschneiden, ihre Trassen das Klima beeinflussen und durch ihren Betrieb Immissionen bewirken: Lärm, Abgase, Schweb- und sonstige Schadstoffentwicklungen. In einer Zeit wachsenden Umweltbewußtseins wächst nahezu im gleichen Verhältnis die Zahl der verwaltungsgerichtlichen Prozesse, in denen die Umweltbelastung den Klagegrund mitprägt. Gewiß sprechen in manchen Bereichen Anzeichen dafür, daß die Verletzung eigener Rechte zuweilen nur einen Vorwand bildet, um andere Ziele zu verfolgen. Indes zeigt die gerichtliche Praxis im Bereich der Straßenplanung, daß es dem Bürger in erster Linie um die Wahrung seiner Belange geht, wie eine Auswertung der in der Zeit vom 1. Januar 1977 bis 30. Juni 1978 im Lande Rheinland-Pfalz anhängig gewordenen verwaltungsgerichtlichen Streitsachen auf diesem Rechtsgebiet belegt. In dieser Zeit wurden in 86 Verfahren — davon entfallen 5 auf den vorläufigen Rechtsschutz — Straßenplanungen angegriffen; das entspricht rund 1,2 % der Gesamteingänge bei den Verwaltungsgerichten im Lande Rheinland-Pfalz, wenn man von den Numerus-clausus-Verfahren absieht, die von den Eingangszahlen her das Bild der verwaltungsgerichtlichen Belastung verzerren. Dabei bilden fast ausschließlich Planfeststellungsbeschlüsse den verfahrensrechtlichen Gegenstand. Über die Normenkontrolle wurden nur einmal Bedenken gegen eine Straßenplanung vorgebracht, obwohl im Vergleichszeitraum auf diesem Wege gegen die Gültigkeit von 26 Bebauungsplänen gerichtliche Verfahren angestrengt worden sind. Und in diesem Normenkontrollverfahren spielten Gesichtspunkte des Umweltschutzes keine Rolle; denn mit ihm wurde die Verlegung einer Trasse angestrebt, um die Inanspruchnahme von Grundeigentum zu verhindern und so einen weiteren Bauplatz für den Betroffenen zu gewinnen.

Zwar bin ich mir bewußt, daß sowohl wegen des relativ kurzen Erhebungszeitraumes als auch von der Anzahl der überprüften Verfahren her wohl kaum von einer empirischen Untersuchung gesprochen werden kann, die allgemein gültige Schlüsse zuläßt. Überdies bleibt zu sehen, daß die straßenplanerischen Aktivitäten zwangsläufig wechselnde Schwerpunkte aufweisen und sich nicht gleichmäßig auf ein Gebiet verteilen, so daß auch von daher allein die in Rheinland-Pfalz im Erhebungszeitraum anhängig gewordenen Verfahren nicht unbedingt repräsentativ für das gesamte Bundesgebiet sind.

Unter diesem Vorbehalt darf ich dennoch versuchen, einige Erkenntnisse vorzutragen, die sich aus dieser Untersuchung ergeben: So zeigt die statistische Auswertung, daß von den 86 Verfahren in 14 Streitsachen Gemeinden und in 70 Fällen Bürger auf der Kläger- oder Antragsteller-Seite standen, während nur zwei Verfahren von Bürgerinitiativen betrieben wurden. In einer dieser beiden Streitsachen hatte die Wohnsitzgemeinde ein Parallelverfahren angestrengt und so die Bürgerinitiative unterstützt, zu der sich Einwohner eines Ortsteils zusammengeschlossen hatten, der — wie sie meinten — durch eine Autobahntrasse in unzumutbarer Weise von seiner Muttergemeinde abgeschnitten werde; dabei wurde allerdings auch gerügt, daß durch diese Baumaßnahmen das Kleinklima erheblich beeinträchtigt würde. In dem zweiten Streitfall hatte sich eine Bürgerinitiative gebildet, um einen — nach ihrer Ansicht — günstigeren Trassenverlauf für eine Autobahn zu erreichen und so die Inanspruchnahme einer Waldfläche in einem Naherholungsbereich im Einzugsgebiet einer Großstadt zu vermeiden. Dieser Fall ist auch dadurch gekennzeichnet, daß neben der Bürgerinitiative einzelne ihrer Mitglieder im eigenen Namen Klage erhoben und im Verlauf des Rechtsstreits Grundstücke erworben haben, um so klagebefugt zu sein; allerdings ohne Erfolg, weil im Zeitpunkt des Eigentumserwerbs die Planfeststellungsbeschlüsse bestandskräftig waren.

Der Gesamtüberblick zeigt auch: Von den 86 Verfahren, die Gegenstand der Untersuchung bildeten, entfielen auf den Bau von Autobahnen 41[1], von Bundesstraßen 27, von Landesstraßen 13 und von Kreisstraßen 4 Verfahren. Eine Streitsache bezog sich auf eine Gemeindestraße.

Vom Klagegrund her kristallisierten sich drei Schwerpunkte heraus: In 22 Verfahren geht es im wesentlichen darum, den Eingriff in das Grundeigentum zu verhindern oder mittelbar eine höhere Entschädigung durchzusetzen, in 23 Verfahren um die Durchführung oder Verbesserung technischer Maßnahmen — in erster Linie um eine bessere Anbindung an das überörtliche Straßennetz, Verrohrung von Gräben,

[1] 2 Schwerpunkte im Eifelraum und in Rheinhessen.

Verlegung von Brunnen, Auswirkungen auf das landwirtschaftliche Wegenetz etc. — und in 41 Verfahren werden Belange des Umweltschutzes (mit-)angesprochen, also in nahezu der Hälfte der untersuchten Streitfälle.

Mit dieser schwerpunktmäßigen Aufgliederung der Klagegründe steht offensichtlich ihre Verteilung auf die einzelnen Bereiche der klassifizierten Straßen in einer Wechselbeziehung: Während gegenüber den Planungen bei Gemeinde-, Kreis- und Landesstraßen überwiegend Einwendungen wegen der Inanspruchnahme von Grund und Boden geltend gemacht werden[2] und beim Bau von Bundesstraßen — vielfach Ortsumgehungen — zusätzlich die Lösung technischer Details gefordert wird[3], verlagert sich bei den Angriffen gegen Autobahnplanungen der Schwerpunkt immer mehr zum Umweltschutz hin: In den 41 Verfahren, die sich gegen Planfeststellungen bei Autobahnen wenden, wurden in 29 Streitfällen Probleme des Umweltschutzes an die Spitze gerückt, während die Verbesserung technischer Maßnahmen lediglich in 9 und die Inanspruchnahme von Grund und Boden nur in vier Fällen im Vordergrund standen. Dabei ist ein weiterer Punkt augenfällig: in den 28 von Einzelpersonen angestrengten Verfahren gegen Autobahnplanungen wurden stets Gründe der Umweltbelastung zumindest als ein besonderer Schwerpunkt mit angeführt; davon bildeten sie in 13 Verfahren sogar die alleinige Klageursache. Hingegen bezogen sich die Verfahren der Gemeinden in erster Linie auf technische Verbesserungen, vor allem auf die Anbindung an das überörtliche Straßennetz und die Verbesserung des Wirtschaftswegenetzes, während Einwendungen aus dem Bereich des Umweltschutzes, wenn überhaupt, dann zumeist nur sekundär geltend gemacht wurden: Nur in einem Prozeß standen Umweltbelastungen mit an der Spitze der Überlegungen; hingegen bezogen sich 8 Verfahren auf technische Maßnahmen und in 4 Verfahren wurden Eingriffe in das Grundeigentum gerügt.

Aus dieser Untersuchung folgt: Die Umweltrelevanz bei Straßenplanungen nimmt im verwaltungsgerichtlichen Rechtsschutz mit der Großräumigkeit der Planung an Bedeutung zu. Das wird auch belegt durch eine Aufgliederung der im einzelnen angeführten Gründe: Die Beeinträchtigung der Landschaft und Auswirkungen auf das Klima wurden in 23 Fällen allein durch den Bau von Autobahnen befürchtet. Lärm- und Schadstoffimmissionen wurden in 19 Fällen gerügt, von denen 10 wiederum auf Autobahnplanungen und die restlichen 9 auf

---

[2] Von insgesamt 17 Verfahren werden Eingriffe in das Grundeigentum in 8 und Immissionsbelastung in 6 Fällen gerügt sowie die Verbesserung technischer Maßnahmen in 5 Fällen gefordert.

[3] Von 27 Verfahren beziehen sich 4 auf das Grundeigentum, 9 auf technische Maßnahmen und 6 auf Umweltbelastungen.

die übrigen klassifizierten Straßen entfallen[4]. Umweltbelastungen werden mithin in erster Linie bei Großprojekten der Straßenplanung geltend gemacht, weil gerade hier das Spannungsfeld zwischen technischem Fortschritt und Umweltschutz sichtbar wird.

Lassen Sie mich auch diejenige statistische Auswirkung vortragen, die insbesondere unter dem Gesichtspunkt der Effektivität des Rechtsschutzes vom Thema geradezu herausgefordert ist: Von den 86 Verfahren, die in der Zeit vom 1. Januar 1977 bis 30. Juni 1978 rechtshängig geworden sind, wurden bis zum 20. Juli 1978 66 Verfahren — das sind 76,7 % — erledigt. Von den noch anhängigen 20 Streitsachen werden 11 Verfahren mit Rücksicht auf außergerichtliche Vergleichsverhandlungen von den Parteien nicht betrieben; zum Teil ist in ihnen sogar das Ruhen des Verfahrens ausdrücklich beschlossen worden. Von den verbleibenden 8 Fällen hat die Planfeststellungsbehörde in 5 Verfahren die sofortige Vollziehung ihrer Planfeststellungsbeschlüsse angeordnet, ohne daß diese Maßnahmen von den Betroffenen angegriffen worden sind, so daß auch hier der Straßenbau nicht durch gerichtliche Verfahren verzögert wird. In den 3 restlichen Verwaltungsstreitsachen eilt die Planfeststellung der Straßenbaumaßnahme zeitlich ein Stück voraus, so daß insoweit dem Element der Zeitdauer für das Rechtsschutzverfahren schon aus tatsächlichen Gründen weniger Bedeutung zukommt. Diese Fakten — und das bleibt festzuhalten — widersprechen eindeutig dem gelegentlich formulierten Vorwurf, die verwaltungsgerichtlichen Prozesse, insbesondere ihre überlange Dauer, blokkierten den Straßenbau. Für einzelne Verfahren trifft dies sicherlich zu, jedoch nicht für die überwiegende Mehrzahl der Fälle.

Eine weitere Zahl dürfte noch aussagekräftig sein: Nur in 9 von 66 erledigten Fällen (= 13,6 %) erging eine Sachentscheidung — 4 Beschlüsse in einstweiligen Rechtsschutzverfahren und 5 Urteile. Indes: In allen Entscheidungen obsiegte die Verwaltung. Auf den ersten Blick scheint diese Feststellung diejenigen Kritiker zu bestätigen, die meinen, der verwaltungsgerichtliche Rechtsschutz sei noch nicht einmal die Verfahrenskosten wert[5]. Gleichwohl bleibt zu sehen, daß eine andere Überlegung den ersten Eindruck wohl korrigieren dürfte: In 56 der 66 erledigten Streitsachen bildeten gerichtliche oder außergerichtliche Vergleiche den Grund für die Beendigung des Verfahrens. Daraus läßt sich ein doppelter Schluß ziehen: Einmal versuchen sowohl die Planfeststellungsbehörden als auch die Träger der Straßenbaulast im Verwaltungsstreitverfahren den Belangen der Bürger soweit wie möglich entgegenzukommen, um so ihr Prozeßrisiko nahezu auf Null hin zu mindern, und zum anderen ist auf den ersten Blick die Annahme

[4] Davon: Bundesstraßen 2, Landesstraßen 4, Kreisstraßen 3 Fälle.

[5] Blümel, Planung und Verwaltungsgerichtsbarkeit, DVBl 1975, 695, 707.

nicht ganz von der Hand zu weisen, daß die Straßenbaubehörden in Grenzfällen zunächst einmal abwarten, ob die Betroffenen Klage erheben, und erst danach bereit sind, einen Ausgleich zu suchen, der evtl. schon im Verwaltungsverfahren angezeigt sein könnte. Noch mehr drängt sich die Frage auf, ob nicht die Abschaffung des Vorverfahrens ursächlich für diese Entwicklung sein könnte, wofür vieles spricht; denn auf jeden Fall hat sich seit diesem Zeitpunkt die Zahl der Klagen sprunghaft erhöht. Daß diese Überlegungen nicht so ganz fern liegen, wird durch einen Vergleich deutlich: Während sonst im Bereich des Landes Rheinland-Pfalz 64 v.H. der Eingänge durch eine Sachentscheidung beendet wird, beläuft sich diese Quote im Bereich der Straßenplanung nur auf rund 14 v.H. Es bleibt deshalb eine offene Frage, ob sich nicht durch eine sorgfältigere Durchführung der Planfeststellung und insbesondere durch die Wiedereinführung der Widerspruchsverfahren die Zahl der verwaltungsgerichtlichen Streitigkeiten schon im Ansatz erheblich mindern ließe.

II. Zum Umfang der Klagebefugnis

Die Ergebnisse dieser Untersuchung, insbesondere die zuletzt vorgetragenen Zahlen über den Ausgang der Verfahren, rechtfertigen weiter die Fragen, ob der verwaltungsgerichtliche Rechtsschutz bei umweltrelevanten Vorhaben ausreicht, den Belangen des einzelnen gerecht zu werden[6] und das Verwaltungsprozeßrecht evtl. sogar hinter der Entwicklung des materiellen Rechts zurückgeblieben ist[7]. Im Bereich der Straßenplanung ist dabei das Wort von der „Individualrechtsschutzfeindlichkeit" gefallen[8], weil sich mit zunehmender Großräumigkeit der Planung in aller Regel schon rein quantitativ das Verhältnis der Belange des einzelnen Betroffenen zu der Gesamtheit der öffentlichen Belange — hier: Individualrecht, dort: Gesamtkonzeption — verschiebe, so daß nur eine punktuelle oder sektorale Beurteilung übrig bleibe. Unter diesem Blickwinkel ist die Rechtsprechung des Bundesverwaltungsgerichts[9] überwiegend auf Ablehnung gestoßen, weil sie zu einem Kontrolldefizit führe[10].

Ausgangspunkt der rechtlichen Überlegungen bildet § 17 FStrG, der nunmehr das Gebot gerechter Abwägung der öffentlichen und privaten

[6] Breuer, Wirksamerer Umweltschutz durch Reform des Verwaltungsverfahrens und Verwaltungsprozeßrechts?, NJW 1978, 1558.

[7] Schmidt, Die Verwaltungsgerichtsbarkeit an den Grenzen des Verwaltungsrechtsschutzes, NJW 1978, 1769, 1775.

[8] Meyer, Rechtsprobleme des Immissionsschutzes bei Planung, Bau und Betrieb öffentlicher Straßen, Diss. Mainz 1977, S. 97 ff.

[9] BVerwG, Urteil vom 14. 2. 1975, BVerwGE 48, 56 ff. = NJW 1975, 1378.

[10] Schwabe, NJW 1976, 159. Hoppe, Die Zusammenstellung des Abwägungsmaterials und die Einstellung der Belange in die Abwägung nach Lage der Dinge bei der Planung, DVBl 1977, 136.

Belange im Rahmen der Planfeststellung positiv regelt, ohne jedoch damit eine neue rechtliche Situation geschaffen zu haben, weil diese Abwägung dem Wesen rechtsstaatlicher Planung immanent ist[11]. Dabei können die vielfältigen Versuche außer acht gelassen werden, die sich darum bemühen, das Abwägungsgebot zu verfeinern und zu systematisieren[12]. Immerhin bleibt zu sehen, daß die Gerichte nach einer gewissen Phase der Sensibilisierung für die Abwägungsproblematik mit dem vom Bundesverwaltungsgericht entwickelten Grundschema ein Instrumentarium zur Hand haben, daß den Anforderungen der Praxis gerecht wird und sich bis jetzt — jedenfalls wie ich meine — auf ihrem Prüfstand bewährt hat.

Kernpunkt für den Umfang des gerichtlichen Rechtsschutzes — und zwar sowohl für das „Ob" als auch für das „Wie" — bildet das in den Vordergrund gerückte Problem[13], ob mit dem umfassenden Abwägungsgebot, das sich auf alle durch die Planungsentscheidung berührten öffentlichen und privaten Belange erstreckt, ein subjektiv-öffentliches Recht des Planbetroffenen korrespondiert. Die Frage spitzt sich also dahin zu, ob die ganze Bandbreite der Abwägung in diese Rechtsposition einfließt und sie mithin nicht nur die eigenen Belange im Sinne einer individualisierten Betroffenheit umfaßt, sondern sich auch auf die gleichartigen und vergleichbaren Gesamtbelange anderer Beteiligter erstreckt. Einen solchen generellen Abwägungsanspruch hat das Bundesverwaltungsgericht[14] verneint und dabei auf die Verwaltungsgerichtsordnung verwiesen, um über deren §§ 42 Abs. 2, 113 Abs. 1 Satz 1 zu belegen, daß das subjektiv-öffentliche Recht auf gerechte Abwägung sich nur auf die geschützten Belange des Betroffenen selbst bezieht. Obwohl Weyreuther[15] der Kritik[16] entgegengetreten ist, scheint das Problem noch nicht vollends ausgestanden zu sein, wie auch die Diskussionen der verfahrensrechtlichen Abteilung auf dem diesjährigen Deutschen Juristentag zu dem Thema: „Empfehlen sich unter dem Gesichtspunkt der Gewährleistung notwendigen Umweltschutzes ergänzende Regelungen im Verwaltungsverfahrens- und Verwaltungsprozeßrecht" belegen. Sicherlich findet die Gegenmeinung einen bedenkenswerten Ansatz im Rechtsstaatsprinzip, das nicht nur die Abwägung widerstreitender Belange, sondern auch die prinzipielle Offenheit des

---

11 BVerwG, Urteil vom 12. 12. 1969, BVerwGE 34, 301 = DVBl 1970, 414.

12 Hoppe, a. a. O.; und Fickert, Planfeststellung für den Straßenbau, Nr. 9, Rdnr. 34 ff.

13 s. Anmerkung 9.

14 s. Anmerkung 9.

15 Weyreuther, Die Bedeutung des Eigentums als abwägungserheblicher Belang bei der Planfeststellung nach dem Bundesfernstraßengesetz, DÖV 1977, 419, 424.

16 Blümel, a. a. O. Schwabe, NJW 1976, 159. Hoppe, a. a. O., insbesondere Fußnote 6.

Abwägungsergebnisses gebietet[17]. Indes ist das Rechtsschutzsystem der VwGO — mit Ausnahme der Normenkontrolle — vorgeprägt durch Art. 19 Abs. 4 GG: Einmal, indem § 42 Abs. 2 VwGO die Garantievoraussetzung des Art. 19 Abs. 4 GG aufgreift und verlangt, daß der Kläger eine eigene Rechtsverletzung geltend machen muß, um Zugang zu den Verwaltungsgerichten zu finden und zum anderen, als durch diese Prozeßvoraussetzung zugleich die Reichweite der materiell-rechtlichen Nachprüfung abgesteckt wird; denn im Spiegelbild zu der prozessualen Zulässigkeit der Klage ist zu prüfen, ob der Verwaltungsakt rechtswidrig ist. Prozeß- und materielles Recht sind insoweit einander zugeordnet. Deshalb geht es nicht an, über die Geltendmachung einer „individuellen" Rechtsverletzung eine „allumfassende" materiell-rechtliche Nachprüfung zu erzwingen, zumal alsdann der Boden des subjektiven Rechtsschutzes verlassen und der Prozeß in ein objektives Beanstandungsverfahren einmünden würde, wie es dem Wesen der Normenkontrolle entspricht: Hat bei ihr der Antragsteller dargelegt, einen Nachteil erlitten zu haben oder steht er in absehbarer Zeit zu erwarten, dann setzt unabhängig von dieser subjektiv ausgerichteten Antragsbefugnis des § 47 Abs. 2 VwGO — und darin liegt der Unterschied zu den §§ 42 Abs. 2, 113 Abs. 1 Satz 1 VwGO — eine umfassende objektivrechtliche Nachprüfung ein, ob die Norm unwirksam ist. Die Nachprüfung der subjektiv-rechtlichen ausgerichteten Antragsbefugnis als Prozeßvoraussetzung und der objektiv-rechtlich ausgestalteten Gültigkeit der untergesetzlichen Norm entsprechen sich also — im Gegensatz zur Anfechtungs- und Verpflichtungsklage — nicht. Wegen der fehlenden Kongruenz dieser Vorgänge reicht es im Rahmen der Normenkontrolle auch nicht aus — wie in der Rechtsprechung anerkannt ist[18] —, den Nachteil im Sinne des § 47 VwGO nur geltend zu machen; vielmehr muß er tatsächlich vorliegen.

Aus dieser Gegenüberstellung folgt: Wenn mithin dem Planbetroffenen im Rahmen des Individualrechtsschutzes über die Geltendmachung seiner eigenen Belange ein weitergehendes Nachprüfungsverfahren eröffnet werden sollte, dann würden damit die Grenzen dieses Systems verlassen und die subjektiv-rechtlich ausgerichteten Klagearten des Verwaltungsprozesses in ein objektiv-rechtliches Beanstandungsverfahren übergeleitet und folglich die Anfechtungs- bzw. Verpflichtungsklage im Rahmen der Planfeststellung im Ergebnis zur Normenkontrolle aufgeweitet. Eine darauf abzielende Änderung des Rechtsschutzsystems ist durch den richterlichen Rechtsschutzauftrag nicht mehr gedeckt, weil dadurch das geltende Prozeßrecht von der

[17] Meyer, a. a. O., S. 106.

[18] BayVGH, Normenkontroll-Beschluß vom 19. 1. 1973, BayVBl 1973, 294, 295.

Verletzten- zur Interessentenklage umgestaltet würde. Eine solche Aufweitung des Rechtsschutzes bedarf vielmehr einer Änderung des Gesetzes und ist mithin allein dem Gesetzgeber vorbehalten. Sie ließe sich einmal partiell dadurch erreichen, indem die Planfeststellung in die Normenkontrolle einbezogen würde, die sich von ihrer Rechtsnatur her als Interessentenklage begreift. Jedoch wäre dies mit einem Systembruch verbunden, weil der Planfeststellung grundsätzlich jeder normative Charakter mangelt. Zum anderen ließe sich ein solches Ziel erreichen, wenn — wie Bettermann vorschlägt[19] — der verwaltungsgerichtliche Rechtsschutz insgesamt über Art. 19 Abs. 4 GG hinaus von der Verletzten- zur Interessentenklage aufgeweitet würde. Indes bleibt, jedenfalls für den Bereich der Straßenplanung — und die von mir vorgetragenen Untersuchungsergebnisse sprechen sogar dafür —, ein Bedürfnis für eine solche Änderung des Rechtsschutzmechanismus zu bezweifeln; denn es fehlt der Nachweis, daß das Verwaltungsprozeßrecht der Entwicklung des materiellen Rechts nachhinkt[20]. Eine solche Reform würde zudem, weil damit eine umfassendere gerichtliche Kontrolle verbunden ist, zu einer weiteren Verschiebung des Gleichgewichts im System der Gewaltenteilung führen und damit zugleich das Problem parlamentarischer Verantwortlichkeit tangieren. Interessen, die die Möglichkeit einer Interessentenklage eröffnen, liegen im Vorfeld des Rechts; sie zu wahren, abzuwägen und für ihren gerechten Ausgleich zu sorgen, ist primär Aufgabe der dazu berufenen parlamentarischen Körperschaften. Darüber hinaus scheint mir die Interessentenklage ein Schritt in die falsche Richtung zu sein. Zwar dürften sich kaum verfassungsrechtliche Bedenken stellen, weil sie über Art. 19 Abs. 4 GG hinausgreift. Aber gerade in diesem Überhang liegt zugleich die Gefahr, daß der Individualrechtsschutz in seinem Kernbereich austrocknet.

Auch auf diesem Hintergrund erweist sich die These Weyreuthers als richtig: Die Abwägung der vielschichtigen, öffentlichen und privaten Belange, die von einem Vorhaben berührt werden, versteht sich zunächst als eine objektiv-rechtliche Verpflichtung des Aufgabenträgers, der — entsprechend der Schutznormtheorie[21] — nur insoweit ein subjektiv-öffentliches Recht entspricht, als der Planbetroffene eigene Belange in die Abwägung einzustellen vermag, weil es kein subjektiv-öffentliches Recht auf die Abwägung der Belange anderer Beteiligter

---

[19] Bettermann, Vereinheitlichung der Verwaltungsgerichtsgesetze und Gleichschaltung der Verwaltungsgerichtsbarkeiten — oder Reform der Verwaltungsgerichtsbarkeit nach den Bedürfnissen der Gegenwart — Vortrag im Rahmen der 46. Staatswissenschaftlichen Fortbildungsveranstaltung der Hochschule für Verwaltungswissenschaften in Speyer (noch nicht veröffentlicht).

[20] A. Schmidt, a. a. O.

[21] Weyreuther, a. a. O. (= Fußnote 15).

gibt[22]. Jede darüber hinausgreifende Betrachtung müßte zwangsläufig dahin einmünden — und eine Überspitzung macht dies vollends deutlich —, daß selbst der unwesentlichste eigene Belang — und wer kann ihn als Plannachbar nicht zumindest „geltend machen" — die Nachprüfung des gesamten objektiv-rechtlichen Abwägungsvorganges eröffnet. Die Interessentenklage wäre gleichsam auf diesem Umwege eingeführt.

Demgegenüber greift der Hinweis, der Plannachbar dürfte nicht nur in seiner Isoliertheit gesehen werden[23], weil die darin liegende Verkürzung des Rechtsschutzes die Flucht in die Bürgerinitiative provoziere, nicht durch. Damit wird kein Argument aufgegriffen, dessen Adressat die Gerichte — insbesondere die Verwaltungsgerichte — sein können; denn sie sind als Teil der rechtsprechenden Gewalt an die vorgegebene Rechtsordnung gebunden und haben dabei zu sehen, daß mit einer solchen Ausdehnung verwaltungsgerichtlicher Nachprüfung — worauf jüngst Püttner hingewiesen hat[24] — ein Bedeutungszuwachs der Gerichte verbunden wäre, mit dem auf der anderen Seite eine Bedeutungsminderung der Verwaltung korrespondieren würde. Püttner stellt seine Ausführungen unter die These: „Politik durch Gerichte." Zwar vermag ich seine Ausführungen nicht zu teilen, weil gerade bei den von ihm gewählten Beispielen aus den Bereichen der Verpflichtungs-, insbesondere der Bescheidungsklage, der Folgenbeseitigung und des vorläufigen Rechtsschutzes die Verwaltungsgerichte vielfach gehalten sind, Akte des Verwaltungshandelns bestimmen zu müssen. Vielmehr sehe ich die Ursache für die vermehrte Bedeutung der Verwaltungsgerichte in erster Linie darin, daß der Kompromiß, der jedem Gesetz zugrunde liegt — aus welchen Gründen auch immer —, in zunehmendem Maße nicht mehr auf dem größten, sondern nur noch auf dem kleinsten „gemeinschaftlichen Nenner" beruht und dabei auf stets weitmaschigere Regelungen und unbestimmte Rechtsbegriffe zurückgegriffen wird; deshalb bleibt nach dieser „Grobpeilung" die „Feinabstimmung" mit eine Aufgabe der Gerichte, die auch im Bereich der Planung und des Umweltschutzes ein Spannungsfeld erzeugt. Dabei geht es darum, ein Regelungsdefizit des Gesetzgebers durch Richterrecht auszugleichen; denn ein solches Regelungsdefizit darf — worauf jüngst Bender[25] hingewiesen hat — nicht zu einem Kontrolldefizit

[22] Ule / Laubinger, Empfehlen sich unter dem Gesichtspunkt der Gewährleistung notwendigen Umweltschutzes ergänzende Regelungen im Verwaltungsverfahrens- und Verwaltungsprozeßrecht? Gutachten B zum 52. Deutschen Juristentag, S. 63.

[23] Blümel, a. a. O., S. 707, 777.

[24] Püttner, Politik durch Verwaltungsgerichte auf dem Weg zum Justizstaat, S. 3 ff.

[25] Bender, Der Verfassungsrichter im Spannungsfeld zwischen Rechtsschutzauftrag und technischem Fortschritt, NJW 1978, 1945, 1950.

führen. Gleichwohl haben sich die Gerichte an ihren gesetzlichen Auftrag zu halten und dürfen nicht von sich aus den Individualrechtsschutz aufweiten und ihn in die Nähe der Interessentenklage rücken, indem sie auch andere Belange in die Klagebefugnis einfließen lassen.

Im übrigen dürfte auch die These — restriktiver Individualrechtschutz provoziere Bürgerinitiativen — von ihrem tatsächlichen Ansatz her nicht belegt sein: Auch in den Materien, in denen die Normenkontrolle nunmehr generell eröffnet ist und in denjenigen Bundesländern, die darüber hinaus die untergesetzlichen Landesnormen vollends der Normenkontrolle unterworfen haben, bilden sich trotz dieser Rechtsschutzmöglichkeiten Bürgerinitiativen. Und für sie stellt sich die Frage, ob sie den politischen oder rechtlichen Weg einschlagen wollen, um ihr Begehren durchzusetzen. Indes: Bürgerinitiativen neigen mehr dazu, über die Politik ihre Ziele zu verfolgen, weil sie sich vielfach als Gegensatz zu den etablierten Parteien und Wählergruppen begreifen und sich gerade in diesem Umfeld bestätigt sehen wollen. Damit entsteht in erster Linie ein Legitimitäts- aber kein Rechtsschutzproblem. Der Rechtsschutz hat für Bürgerinitiativen in aller Regel nur zweitrangige Bedeutung in Form einer Ersatzlösung, wenn der politische Erfolg versagt bleibt. Dies zeigt sich sowohl im kommunalen Bereich als auch auf überörtlicher Ebene immer deutlicher.

Auch der Vorschlag, im Bereich der Planung das Klagerecht der Gemeinden extensiv zu behandeln[26] und so im Wege eines kompensatorischen Rechtsschutzes Abhilfe zu schaffen, ist mit der geltenden Rechtsordnung nicht zu vereinbaren[27], denn das Maß der Klagebefugnis für eine Gemeinde wird nicht durch die Summe der subjektiv-öffentlichen Rechte ihrer Bürger bestimmt. Vielmehr leitet sich die prozessuale Wehrfähigkeit der Gemeinde ausschließlich aus ihrer gebietskörperschaftlichen Stellung und ihrem damit untrennbar verbundenen Selbstverwaltungsrecht ab. In diesem Zusammenhang bleibt zu sehen, daß ihr Gebiet und die in ihm lebenden Menschen nicht nur der Gemeinde zugeordnet sind, sondern ebenso den übrigen Gebietskörperschaften — Kreis, Land und Bund —, die ihre Rechtsqualität von demselben Gebiet ableiten. Und jeder dieser Körperschaften ist die Aufgabe gestellt, auf ihrer Stufe das Gemeinwohl zu verwirklichen. Von daher ist die Klagebefugnis der kommunalen Gebietskörperschaften und damit ihre Wehrfähigkeit begrenzt auf ihre subjektiv-öffentlichen Rechte, die sich aus ihrer Rechtsstellung selbst ergeben, hier der Planungshoheit, die ihre Schranken erfährt — horizontal — durch die Planungshoheit ihrer Nachbarn und — vertikal — durch die Planungs-

[26] Blümel, a. a. O.

[27] Ule / Laubinger, a. a. O., S. 64; Fickert, Nr. 31, Rdnr. 11.

hoheit der mit ihr in demselben Territorium konkurrierenden Gebietskörperschaften: Kreis, Land und Bund. Dabei greifen — wie in einem Koordinatensystem — zwei Grundsätze mitbestimmend durch: Einmal läßt sich Planung nur im „Gegenstromprinzip" verwirklichen und zum andern bedarf sie — entsprechend dem Grundsatz der Rücksichtnahme — der Abstimmung mit den übrigen Planungsträgern, die in denselben Raum hineinwirken, weil jede Körperschaft beim Gebrauchmachen ihrer Zuständigkeiten auch auf die Belange der anderen zu achten hat.

Aus diesem Grunde verbietet es sich, daß eine Gemeinde gleichsam im Wege der Prozeßstandschaft die Belange ihrer Bürger, die zugleich Bürger des Kreises, des Landes und des Bundes sind und auf dieser Ebene in unmittelbarer rechtlicher Beziehung stehen, gegenüber diesen Körperschaften vertritt.

Allein diese Betrachtung wird auch dem Bild und der Stellung der Gemeinde in unserer rechtsstaatlichen Ordnung gerecht. Während früher vielfach Gemeinde im Gegensatz zum Staat verstanden wurde und es darum ging, eine selbstverantwortliche bürgerschaftliche Gestaltung des örtlichen Bereichs — so der Gedanke Steins — zu erreichen, wurde diese Rivalität immer mehr abgebaut und durch ein neues Selbstverständnis ersetzt: Gemeinden begreifen sich heute mehr als Glieder eines Staatsganzen und mithin als Teile eines Gesamtorganismusses[28], als integrierte Bestandteile eines Gesamtverwaltungssystems[29] oder als Einheiten des organisatorischen Staatsaufbaus[30]. Gemeinde und Staat wirken mithin in ein und denselben Lebensraum hinein. Die sich so abzeichnende Gesamtentwicklung macht deutlich, daß die Gemeinden kein isoliertes Eigenleben führen, sondern integrierte Bestandteile des Staatsganzen bilden[31]. Sie sind mithin keine originären Sachwalter zum Wohle ihrer Bürger[32]. Von daher versteht es sich von selbst, daß die Gemeinden lediglich berechtigt sind, im Rahmen ihrer wehrfähigen Selbstverwaltungsrechte — hier ihrer Planungshoheit — sich gegen die Planung anderer Körperschaften zu wenden und den Verwaltungsrechtsweg zu beschreiten.

III. Zur Reform des verwaltungsgerichtlichen Rechtsschutzes

Eine Reform oder Fortschreibung des Systems des verwaltungsgerichtlichen Rechtsschutzes wird im Bereich der Planung und des Um-

28 v. Unruh, Selbstverwaltung als staatsbürgerliches Recht, DÖV 1972, 16 ff.

29 Werner Weber, Staats- und Selbstverwaltung in der Gegenwart, 2. Aufl., S. 124.

30 Stern, Bonner Kommentar, Rdnr. 83 zu Art. 28 ff.

31 VGH Rh-Pf., Urteil vom 9. 5. 1977 — VGH 3 75 — AS 14, 439, 448.

32 Ule / Laubinger, a. a. O., S. 95.

weltschutzes nicht nur deshalb gefordert, weil das bisherige System defizitärer Natur sei, da die Klagebefugnis nicht zu einer allumfassenden objektiv-rechtlichen Nachprüfung führe — worauf ich bereits eingegangen bin —, sondern auch, weil ihm oftmals wegen seiner überlangen Verfahrensdauer die Effektivität fehle; am Ende des Prozesses müsse der Bürger vollendete Tatsachen hinnehmen, die einen Rückfall in die Zeit des „Dulde und Liquidiere" bedeuteten. Ossenbühl hat diesen Problemkreis in seinem Gutachten zum 50. Deutschen Juristentag[33] aufgegriffen und den Lösungsansatz über ein Stufensystem der Betroffenheit zu finden versucht. Blümel[34] und Ule-Laubinger[35] haben diesen Gedanken vertieft. Bischof[36] spricht in diesem Zusammenhang von der Einführung eines begleitenden oder mitlaufenden Rechtsschutzes nach der Art einer Visa-Kontrolle, wie sie der Rechnungsprüfung eigen ist, und Bettermann[37] will sogar noch einen — wohl vollends systemverändernden — Schritt weitergehen: Er schlägt vor, in bestimmten Bereichen an die Stelle der nachträglichen die ursprüngliche Rechtspflege treten zu lassen. Da der zuletzt erwähnte Gedanke in seiner Reichweite über Art. 19 Abs. 4 GG hinausgreift, überdies den Grundsatz der Gewaltenteilung tangiert und die Verwaltung noch weiter in den Schatten der Verwaltungsgerichtsbarkeit rückt, halte ich ihn nicht für realisierbar.

Zu Recht merken Ule-Laubinger in ihrem Gutachten zum 52. Deutschen Juristentag an[38], daß sämtliche Reformvorschläge an einem Mangel leiden: Sie zeichnen sich zwar durch eine gedankliche Brillanz aus; indes fehlt es an hinreichenden empirischen Untersuchungen, ob und inwieweit Änderungen geboten sind. Das gilt auch für den Bereich der Straßenplanung. Dabei sprechen sogar die Ergebnisse der von mir durchgeführten Untersuchung — auch wenn sie nicht als repräsentativ angesehen werden kann — wohl eher dafür, daß es keiner Änderung des Rechtschutzsystems bedarf: Denn wenn von 86 Verfahren, die in 1$^1/_2$ Jahren anhängig geworden sind, bereits am Ende dieser Zeitspanne 66 ihre Erledigung gefunden haben und 11 ruhen, so spiegelt sich allein in diesen Zahlen eine Aussage wider.

Zudem dürften die bisherigen Lösungsansätze zu pauschal sein, um weitere Folgerungen daraus ziehen zu können. Vor allem bestehen

---

33 Ossenbühl, Welche normativen Anforderungen stellt der Verfassungsgrundsatz des demokratischen Rechtsstaates an die planerische Tätigkeit, dargestellt am Beispiel der Entwicklungsplanung, Gutachten B zum 50. Deutschen Juristentag, S. 177.

34 Blümel, a. a. O.

35 Ule / Laubinger, a. a. O., 72.

36 Papier, Bericht über die 46. Staatswissenschaftliche Fortbildungstagung der Hochschule für Verwaltungswissenschaften in Speyer, DÖV 1978, 322, 324.

37 a. a. O. (s. Anm. 19).

38 a. a. O. (s. Anm. 22).

Zweifel, ob ein generelles Stufen- oder Schrittsystem zu einer größeren Effektivität des Rechtsschutzes führt und eine Beschleunigung des gesamten Verfahrensablaufs bewirkt. Der verwaltungsökonomische Wert der Planfeststellung gegenüber einer Separationslösung[39] besteht sowohl in der horizontalen wie vertikalen Bündelung der Genehmigungsverfahren für ein einziges Vorhaben. Gerade dieser Bündelungseffekt kommt in erster Linie dem Bürger als Betroffenen zugute, der trotz Verwaltungsreform immer noch einer Vielfalt von Entscheidungen und Fachbehörden als Entscheidungsträgern gegenübersteht; denn vor allem das Ziel der Funktional- und Institutionalreform, die Verwaltung übersichtlicher zu gestalten, mehr zu einer Einheit nach Funktionsabläufen und Sachzusammenhängen zu gliedern bzw. zusammenzufassen und so für den Bürger „einen" Ansprechpartner bereitzuhalten, ist mehr oder weniger am Widerstand der Fachverwaltungen gescheitert. Deshalb würde es sogar einen Rückschritt noch hinter den Ausgangspunkt der Reformbestrebungen bedeuten, die mit der Planfeststellung verbundene Konzentration aufzulösen. Breuer[40] schlägt daher vor, auf keinen Fall die horizontale Konzentrationswirkung preiszugeben; sie sei vor allem deshalb erstrebenswert, weil nur so den unbequemen Folgen der Entscheidungen der Spezialverwaltungen erfolgversprechend entgegengewirkt werden könne. Indes will er die vertikale Konzentration „abschichten", also in Entscheidungsstufen zerlegen, um so eine Parallelschaltung von Sach- und Rechtsgehalt[41] bei den Entscheidungen der einzelnen Planungsstufen als Voraussetzung für eine mitlaufende verwaltungsgerichtliche Kontrolle zu ermöglichen.

Gewiß bietet eine solche Auflösung vertikaler Konzentration auch Vorteile. Sie liegen vor allem darin, in einem früheren Stadium gegen die Maßnahme angehen zu können; dabei kann eine Wechselwirkung nicht übersehen werden: je weiter eine Planung gediehen und ein Genehmigungsverfahren fortgeschritten ist, um so größer die Vielfalt der in die Abwägung eingestellten Gesamtbelange, weil sie über die stufenspezifische Situation hinausgreifen, und um so geringer der Anteil meßbarer Ansätze eigener Belange, die eine individualisierte Betroffenheit zu begründen vermögen. Allerdings bleiben neben diesem Aktivposten auch die Passiva zu sehen: einmal die Präklusionswirkung, die von der Bestandskraft früherer Stufenentscheidungen ausgeht, und zum andern auch das Zeitproblem, das sich bei einem stufenspezifischen Rechtsschutzsystem stellt.

39 Jarass, Die Abgrenzung parallel erforderlicher Anlagegenehmigungen, DÖV 1978, 21 f.

40 Breuer, a. a. O., S. 1565.

41 Wahl, Der Regelungsgehalt von Teilentscheidungen in mehrstufigen Planungsverfahren, DÖV 1975, 373, 376.

Die prozessuale Kehrseite jeder materiellen Stufenentscheidung bildet die Bestandskraft, die — wenn sie nicht ihren Sinn verlieren soll — zu einer Präklusion[42] führen muß: Wird die Entscheidung einer späteren Stufe angefochten, dann ist der Betroffene mit allen Einwendungen ausgeschlossen, die sich auf die vorangehenden Stufenentscheidungen beziehen. In der Theorie läßt sich diese Präklusionswirkung der einzelnen Stufen ebenso wie diese selbst wohl klar voneinander abgrenzen. Indes können die Schwierigkeiten, die sich dabei in der Praxis stellen, nicht übersehen werden. Sie werden um so größer, je dichter die Stufen beieinander liegen und um so verzahnter sie miteinander sind, wie z. B. im Bereich der Straßenplanung, wenn die Planung der Linienführung als erste, die Planfeststellung als zweite und evtl. sogar die Planung von Schutzmaßnahmen als dritte Stufe anzusehen wären. Mit diesen Abgrenzungsschwierigkeiten ist für den Betroffenen eine nicht zu übersehende Unsicherheit verbunden, wenn er die Entscheidung einer späteren Stufe angreift. Um das Präklusionsrisiko auszuschließen, wird er deshalb vielfach versucht oder sogar gezwungen sein, „mitlaufenden Rechtsschutz" in jeder Planungsstufe in Anspruch zu nehmen. Die Erleichterungen, die der mitlaufende Rechtsschutz bewirken soll, können sich von daher leicht in ihr Gegenteil verkehren, und zwar sowohl vom Prozeßrisiko als auch von der Prozeßdauer her, wenn — bei der derzeitigen Gerichtsverfassung — anstelle eines Prozesses durch drei Instanzen evtl. drei Prozesse durch drei Instanzen zu führen sind. Auch bleibt die Gefahr einer noch größeren Belastung für die Verwaltungsgerichte zu sehen.

Lassen Sie mich aber auch dies noch einmal herausheben: Gestern wurde der Konzentration das Wort geredet, um Verwaltung übersichtlicher, faßbarer und verständlicher für den Bürger werden zu lassen, damit er sich nicht in einem Irrgarten von Entscheidungen und Entscheidungsträgern verläuft. Dies gilt im Ansatz gleichermaßen sowohl für die horizontale wie für die vertikale Konzentration. Nunmehr wird jedenfalls für den vertikalen Bereich — einem Wechselbad gleich — eine Dekonzentration gefordert, ohne auf nur annähernd gesicherten Erkenntnissen aufbauen zu können. Deshalb bleibt Skepsis angezeigt.

Dies gilt auch für den Vorschlag Ossenbühls[43], den mitlaufenden Rechtsschutz durch eine Zwischenschaltung unabhängiger, mit Fachleuten besetzter Ausschüsse sicherzustellen und den Richter im Rahmen des repressiven Rechtsschutzes nur noch prüfen zu lassen, ob das

---

42 Rengeling, Umweltschutz im Verwaltungsverfahrens- und Verwaltungsprozeßrecht, JZ 1978, 453, 456 ff.

43 Ossenbühl, Die gerichtliche Überprüfung der Beurteilung technischer und wirtschaftlicher Fragen in Genehmigungen des Baus von Kraftwerken, DVBl 1978, 9.

Verwaltungverfahren ordnungsgemäß abgelaufen ist. Abgesehen davon, daß auch damit der Boden des Art. 19 Abs. 4 GG zumindest tangiert, wenn nicht sogar verlassen wird, bleibt zu beachten, daß über ein solch zwischengeschaltetes Ausschußsystem die Wahrung der Rechtseinheit nicht gewährleistet wäre. Gerade in den umweltrelevanten Planungsbereichen hat sich — ohne daß ich hier näher auf die Ursachen dafür eingehen kann — gezeigt, daß die Entscheidungsspanne der Verwaltungsgerichte ursprünglich von „Null bis unendlich" reichte und ohne die ordnende Hand oberster Gerichte die Rechtseinheit kaum zu wahren sein dürfte, insbesondere dann, wenn die Gerichtsbarkeit darauf abgedrängt würde, nur noch einen geordneten Verfahrensablauf überprüfen zu können und dem verwaltungsgerichtlichen Urteil lediglich die Bedeutung eines Bestätigungsvermerks über einen korrekten Sitzungsablauf zukäme. Allein schon deshalb scheint mir dieser Vorschlag nicht realisierbar zu sein.

Gleichwohl trifft es zu, daß die Effektivität des verwaltungsgerichtlichen Rechtsschutzes in einem Punkt jedenfalls Not leidet: Die Dauer der Verwaltungsprozesse grenzt zuweilen an eine Verweigerung des Rechtsschutzes. Das ist aber kein umwelt- oder planungsspezifisches Problem, erst recht nicht für die Straßenplanung, wofür jedenfalls die von mir vorgetragenen Zahlen sprechen. Insgesamt ist festzustellen, daß die Eingangszahlen bei den Verwaltungsgerichten von Jahr zu Jahr steigen. Dieser Trend hat sich auch im ersten Halbjahr 1978 fortgesetzt. Von daher scheinen über das Gesetz zur Entlastung der Gerichte in der Verwaltungs- und Finanzgerichtsbarkeit vom 31. März 1978[44] hinaus weitere Schritte geboten. Zwei Vorschläge sind in diesem Zusammenhang der Diskussion wert: einmal der Abbau der Gerichtsverfassung in der Verwaltungsgerichtsbarkeit von einer Drei- auf eine Zweistufigkeit und zum anderen den Oberverwaltungsgerichten (Verwaltungsgerichtshöfen) für bestimmte Sachbereiche weitere erstinstanzliche Zuständigkeiten zu übertragen.

Der erste Vorschlag steht nicht in Einklang mit dem föderalen Aufbau der Bundesrepublik und wird damit den Interessen der Bundesländer nicht gerecht; denn das Verwaltungs- und das Verfahrensrecht sind über weite Strecken Landesrecht und für diesen Bereich fällt den Oberverwaltungsgerichten die Aufgabe der Wahrung der Rechtseinheit in den Ländern zu. Denn eine Zweistufigkeit in der Verwaltungsgerichtsbarkeit kann nur dem Modell der Finanzgerichte — eine Tatsachen- und eine Revisionsinstanz — folgen. Bei ihnen stellt sich, weil fast ausschließlich Bundesrecht in ihren Kompetenzbereich fällt, ein solches länderbezogenes Problem nicht. Ihm durch eine Konzentration auf ein Verwaltungsgericht in jedem Land zu begegnen, ist in den grö-

[44] BGBl I, S. 446.

ßeren Bundesländern schon aus organisatorischen Gründen kaum praktikabel. Um dennoch Abhilfe zu schaffen, bedürfte es alsdann der Errichtung eines Landesrevisionsgerichts, so daß es im Ergebnis bei einer dreigliedrigen Gerichtsverfassung für die Verwaltungsgerichtsbarkeit verbliebe.

Realistischer dürfte der Vorschlag sein, den Oberverwaltungsgerichten (Verwaltungsgerichtshöfen) über die bisher festgelegten Zuständigkeiten weitere erstinstanzliche Aufgaben zu übertragen. Dabei bieten sich sowohl die Sachmaterien aus den Bereichen der Planung als auch des Umweltschutzes an, weil es gerade in diesen Bereichen möglich ist, sorgfältig durchgeführte — förmliche — Verwaltungsverfahren vorausgehen zu lassen, die nicht — wie sonst vielfach bei Verwaltungsakten — den Stempel eines Massenfabrikates tragen und bei denen von daher die Verkürzung des gerichtlichen Verfahrens um eine Tatsacheninstanz durchaus vertretbar sein dürfte. Lassen Sie mich daran erinnern, daß dieser Gedanke nicht neu ist: Vor Inkrafttreten der VwGO kannte das VGG Rheinland-Pfalz ein sog. privilegium fori. Danach war das Oberverwaltungsgericht für alle Klagen, die sich gegen oberste Landesbehörden richteten, erstinstanzlich zuständig. Und wegen der positiven Erfahrungen wurde nur ungern von dieser Einrichtung auf Landesebene Abschied genommen.

Indes wirkt sich eine solch partielle erstinstanzliche Zuständigkeitsübertragung insgesamt nur dann zeitverkürzend aus, wenn auch zugleich die Oberverwaltungsgerichte entlastet werden. Ein solcher Ausgleich läßt sich nur über den Weg einer Rechtsmittelbeschränkung in Form der Berufungs- und Beschwerdezulassung finden, sei es partiell für einzelne Rechtsgebiete, wozu es jeweils einer spezialgesetzlichen Regelung bedürfte, wie sie z. B. im Wohngeldgesetz bereits als Modell vorzufinden ist, oder — wozu ich neige — generell durch eine entsprechende Änderung des Verwaltungsprozeßrechts. Sie würde bewirken, daß wohl weit über 90 v.H. der erstinstanzlichen Entscheidungen der Verwaltungsgerichte in Rechtskraft erwüchsen und im Falle der Berufungszulassung eine zweite Tatsacheninstanz eine volle Überprüfung gewährleisten würde. Der Effizienz des Rechtsschutzes käme ein solcher Schritt folglich mit Sicherheit entgegen, ohne den bewährten dreistufigen Aufbau der Verwaltungsgerichtsbarkeit und damit die Einheitlichkeit der Rechtsfindung in Frage zu stellen.

Diesen Gedanken gerade jetzt nachzugehen tut not. Während der Entwurf der Verwaltungsprozeßordnung auf eine Harmonisierung der öffentlich-rechtlichen Gerichtsbarkeiten ausgerichtet ist, bedarf es außerdem — zumindest parallel dazu, wenn nicht sogar vorab — einer Forcierung der Verfahren. Dabei wäre es nicht sachgerecht, die Maßstäbe der Beschleunigung nur an einigen Großverfahren zu orientieren. Sie verursachen — ob in der Verwaltung oder Verwaltungsgerichtsbarkeit — immer ihr Maß an Arbeitsaufwand. Das wird auch durch einen Blick auf andere Gerichtsbarkeiten bestätigt. Das Zweckmäßigste dürfte sein, den verwaltungsgerichtlichen Rechtsschutz insgesamt zu forcieren, um so Arbeitskapazität freizusetzen, um alle Verfahren — auch die Großverfahren — effektiver gestalten zu können. Nicht das Herumkurieren an einzelnen Symptomen oder Verfahren hilft, sondern allein eine Gesamttherapie, die auf einer sachgerechten Diagnose aufbaut.

Aussprache zu dem Referat von Heribert Bickel

Bericht von Ingo Heberlein

Die Diskussion fand unter der Leitung von Prof. Dr. *Blümel*, Speyer, statt.

1. Einen erheblichen Raum nahm die Aussprache über die Behandlung der planungsrechtlichen Schutzauflagen ein. Prof. Dr. *Richard Bartlsperger*, Erlangen, postulierte eine klare Trennung zwischen der planungsrechtlichen Abwägung des Planvorhabens und der Entscheidung über die Auflagen. Es gehe ihm nicht ein, daß aus der Notwendigkeit der Abwägung gefolgert werde, daß auch über die Auflagen zu entscheiden sei. Diese Folgerung sei nur dann verständlich, wenn unterstellt werde, das gesamte Vorhaben könne in seiner Auswirkung auf die Nachbarn nur dann voll gewürdigt werden, wenn auch feststehe, welche Auflagen zu erteilen seien. Diese Auffassung halte er nicht für richtig. Er meine, die Nachbarschutzbelange könnten bei der Abwägung in jeder Hinsicht hypothetisch berücksichtigt werden. Man könne durchaus feststellen, welche Belange vorhanden seien und in welcher Größenordnung und mit welcher Gewichtung diese Belange einzustellen seien und ob eine Zurücksetzung verhältnismäßig sei. Damit werde gewährleistet, daß nicht darauflosgeplant werde. In den Fällen, in denen unter bestimmten Voraussetzungen nicht vorhersehbar sei, ob und in welchem Umfang eine Auflage festzulegen sei — weil etwa die technische Ermittlung noch nicht möglich sei oder aus irgendeinem Grunde nicht entschieden werden könne, ob die Voraussetzungen für eine Entschädigung nach § 17 Abs. 1 Satz 2 FStrG vorlägen —, müsse die Entscheidung dahingestellt bleiben können. In diesen Fällen könne nur die Verpflichtungsklage mit Erfolg erhoben werden.

Er sei allerdings der Auffassung, daß durch die Flughafen-Frankfurt-Entscheidung des Bundesverwaltungsgerichts das Problem der Klageart noch nicht gelöst sei. Die Entscheidung für Anfechtungs- oder Verpflichtungsklage bringe den Kläger in erhebliche Schwierigkeiten, wenn dabei untersucht werden müsse, ob die Grundkonzeption der Planung berührt sei, also eine materiell-rechtliche Vorprüfung durchgeführt werden müsse. Im Zweifel müsse dann Anfechtungsklage erhoben und diese mit einer hilfsweisen Verpflichtungsklage verbunden werden. Eine Perfektionierung der Auflagenregelung im Sinne einer Verselbständigung der ganzen Regelungen über die Schutzeinrichtungen sei dringend erforderlich.

Prof. Dr. *Willi Blümel*, Speyer, widersprach dem. Die Flughafen-Frankfurt-Entscheidung habe mehr Fragen aufgeworfen als beantwortet. Er sei der Auffassung, daß zwischen der Anfechtungsklage gegen die Trasse und der Verpflichtungsklage zur Erstreitung von Schutzauflagen nicht scharf getrennt werden könne, weil sich die zugrundeliegenden Phänomene nicht deutlich gegeneinander abheben ließen. Wenn man dazu käme, daß bei Großvorhaben die Betroffenen nur noch Schutzauflagen erstreiten könnten, führe das dazu, daß bei der planerischen Erwägung diese Belange praktisch vor der Tür blieben. Am Beispiel eines Nichtzulassungsbeschlusses des Bundesverwaltungsgerichts vom September 1978 wies er nach, daß das Bundesverwaltungsgericht selbst nicht der Auffassung sei, mit der Flughafenentscheidung sei das letzte Wort zu diesem Komplex gesprochen.

Richter am Verwaltungsgerichtshof Baden-Württemberg Dr. *Hans Iber*, Mannheim, trat ebenfalls der These *Bartlspergers* entgegen. Er wies auf die gesetzliche Regelung des Planfeststellungsbeschlusses hin. Dort stehe eindeutig, daß der Beschluß die notwendigen Auflagen enthalten müsse. Daraus folge nach Auffassung seines Senats, daß ein Eingriffsakt abgewehrt werden müsse und diese Abwehr mit einer Anfechtungsklage zu erfolgen habe. Sein Senat sei auf die Vorstellungen des Bundesverwaltungsgerichts eingegangen und habe Grundsätze zum Abwehrcharakter der Verpflichtungsklage entwickelt. Mit der neuen Entscheidung des Bundesverwaltungsgerichts sei jetzt die Quittung gekommen. Darin werde der prozessuale Anspruch auf Aufhebung und der materielle Anspruch auf Hinzufügung von Auflagen durcheinandergeworfen. Das Bundesverwaltungsgericht müsse wieder auf die an sich durchdachte Systematik von Anfechtungsklage und Verpflichtungsklage zurückgebracht werden. Damit würden nicht lediglich prozessuale dogmatische Grundsätze verwaltet werden. Es gehe vielmehr um den effektiven Rechtsschutz. Es gehe nicht an, den Bürger mit der Auflage hinter dem Planungsvorhaben herlaufen zu lassen. Ein Eingriff müsse mit den Mitteln bekämpft werden können, die der Gesetzgeber zur Verfügung stelle. Damit werde dem Bürger in gewisser Weise die Würde gegeben, während er bei der Verpflichtungsklage in eine Anspruchshaltung gedrängt werde. Er bezweifle, daß der Gedanke der Grundkonzeption in den Griff zu bekommen sei.

Ministerialrat Dr. *Hans Carl Fickert*, Düsseldorf, führte hingegen aus, nach dem Gesetz sei es nicht notwendig, im Planfeststellungsbeschluß die Schutzauflagen abschließend anzuordnen. Nach § 18 a

Abs. 3 BFernStrG könnten Regelungen vorbehalten und durch einen Nachtragsbeschluß entschieden werden. Dabei müsse der Planfeststellungsbeschluß soweit konkretisiert sein, daß die später zu beschreitende Richtung vorgezeichnet sei. Er sei der Auffassung, daß die Schutzauflage nach § 17 Abs. 4 BFernStrG eine Auflage besonderer Art sei. Sie sei nicht soweit vom Planfeststellungsbeschluß gelöst, daß dieser auch dann als rechtmäßig angesehen werden könne, wenn notwendige Auflagen fehlten. Werde eine notwendige Auflage nicht durch Nachtragsbeschluß hinzugefügt, müsse der bislang schwebend wirksame oder schwebend unwirksame Planfeststellungsbeschluß als endgültig rechtswidrig angesehen werden. Durch diese Auffassung gingen den Betroffenen keine Rechte verloren. Sie könnten den Nachtragsbeschluß angreifen. Für möglich halte er auch, daß die Verwaltungsgerichte die Erteilung der Schutzauflage bis zur Freigabe zur Pflicht machten.

Leitender Ministerialrat *Josef Kersten*, München, schloß sich der von Dr. *Fickert* geäußerten Auffassung unter Hinweis auf zwei Beispiele an: In dem einen Falle habe durch einen Autobahnknoten ein Eingriff in einen Erholungswald in Großstadtnähe in der Größenordnung von 10 ha getätigt werden müssen. Als Ausgleich sei die Aufforstung einer entsprechenden Fläche auferlegt worden. In der Nähe hätten dafür mehrere Bundesgelände zur Verfügung gestanden. Die am besten geeignete Fläche sei zum Zeitpunkt der Planungsentscheidung noch von der Bundeswehr benutzt worden. Man habe absehen können, daß die Bundeswehr die Fläche in ein bis zwei Jahren freigeben werde. Die Entscheidung sei dahingehend getroffen worden, daß Ausgleich für den Eingriff zu leisten sei, die nähere Konkretisierung einer ergänzenden Entscheidung vorbehalten bliebe. Im zweiten Fall sei es um die Kreuzung einer Autobahntrasse mit einer bestehenden Landstraße zweiter Ordnung gegangen. Der Baulastträger der Landstraße habe geltend gemacht, er trage sich mit Überlegungen, die Straße auszubauen und etwas zu verlegen. Der Standort des Kreuzungsbauwerks habe deshalb noch nicht endgültig festgelegt werden können. Die endgültige Festlegung des höhenfreien Kreuzungsbauwerks sei einer ergänzenden Planfeststellung vorbehalten worden. Wegen dieses Vorbehalts sei der Planfeststellungsbeschluß mit der Begründung aufgehoben worden, die Beteiligten wüßten nicht sicher, wie sie auf die andere Seite der Autobahn kommen könnten. Nach Sachlage sei eine Unterbrechung der Straße nie beabsichtigt gewesen. Er könne nicht verstehen, warum abtrennbare Teilentscheidungen nicht auch abgetrennt und isoliert untersucht werden könnten. Was im Zeitpunkt der Planfeststellung entscheidungsreif sei, werde in der Praxis schon aus Gründen der Arbeitserleichterung, Vereinfachung und Zusammenfassung entschieden. Es gebe allerdings Fälle, in denen nicht alles entscheidungsreif sei und da spiele es für die Verwaltung eine große Rolle, daß der Weg des Vorbehalts bei abtrennbaren Materien offengehalten werde.

Richter am Bayerischen Verwaltungsgerichtshof Dr. *Gerhard Reichel*, München, knüpfte an die Ausführungen von Dr. *Iber* an. Er führte aus, der zuständige Senat des Bayerischen VGH liege auf der Linie, die für den VGH Mannheim skizziert worden sei. Müsse eine Auflage als so bedeutsam angesehen werden, daß die Grundkonzeption beeinflußt werde, daß es sich um einen Bestandteil der Konzeption handle oder wie auch gesagt werden könne, daß die Auflage integriert sei, dann dürfe sie nicht vorbehalten werden. Die prozessuale Konsequenz sei die Anfechtungsklage. Die Schwierigkeit liege darin festzustellen, wann eine Auflage so bedeutsam sei, daß die Grundkonzeption der Planung beeinflußt werde. Die Flughafen-Frankfurt-Entscheidung des Bundesverwaltungsgerichts habe es sich da etwas leicht gemacht oder es einfach leichter gehabt. Ein Flughafen sei eine ganz andere Sache als eine neugeplante oder neu zu planende Straße. Der Flughafen Frankfurt am Main liege fest. Es gehe also nur darum, die Startbahn zu verlängern. Da könne man nicht hin- und herschieben und eine neue Startbahn habe einen nur relativ geringen Spielraum. In einem derartigen Fall könne gesagt werden, Lärmschutzauflagen beeinflußten die Grundkonzeption, die Festlegung der Startbahn nicht. Bei der Planung einer Straßentrasse sei die Situation eine ganz andere. Da könnten die Auflagen gerade zu einer Veränderung auch der Trassierung führen. Derartige Auflagen dürften nicht vorbehalten werden, weil sonst die Ausgewogenheit der Gesamtentscheidung in Frage gestellt werde.

Vizepräsident des Verwaltungsgerichts Kassel *Walter Bätzing* äußerte erhebliche Bedenken, einen Planfeststellungsbeschluß unter Vorbehalt weiterer Auflagenerteilung für schwebend wirksam oder für schwebend unwirksam zu halten. Die Konzentrationswirkung des Planfeststellungsbeschlusses könne nicht wieder rückgängig gemacht werden.

Bei der Flughafen-Frankfurt-Entscheidung sehe er das Problem, daß Auflagen gefordert werden könnten, deren Erfüllung so teuer käme, daß die Wirtschaftlichkeit für den Betrieb nicht mehr gewährleistet sei. Der Planfeststellungsbeschluß müsse deshalb die Auflagen soweit kennzeichnen, daß jeder wisse, was auf ihn zukomme und der Bürger abschätzen könne, welche Möglichkeiten er erhalte, um Gefahren abzuwehren.

Vorsitzender Richter am Verwaltungsgericht Darmstadt *Hellmuth Roth* warnte davor, das prozessuale Problem Anfechtungs- und Verpflichtungsklage immer unter dem Gesichtspunkt alles oder nichts zu sehen. Er sei der Auffassung, daß jeder Verwaltungsakt, der eine positive Regelung treffe, gleichzeitig auch eine negative Ausschlußwirkung habe. Übertrage man dies auf einen Planfeststellungsbeschluß, dem kein ausdrücklicher Vorbehalt beigefügt sei, müsse davon ausgegangen werden, daß darin die Entscheidung liege, weitere Auflagen seien nicht zu erteilen.

Die Regelung der Schutzauflagen gab mehreren Diskussionsrednern Anlaß, die Wirksamkeit des Rechtsschutzes zu erörtern.

2. Zu den vom Referenten vorgetragenen Ergebnissen einer empirischen Untersuchung wies Regierungsrat *Hans-Peter Güttler*, Wiesbaden, auf die in Hessen bestehende Situation hin. Er konnte zwar keine Zahlen nennen, gab aber den Eindruck wieder, Rheinland-Pfalz stelle eine Idylle dar. Die Untersuchung müsse um die Ergebnisse des zweiten Rechtszuges ergänzt werden. In Hessen sei es so, daß in der zweiten Instanz vor Ablauf von zwei Jahren nach Einlegung der Berufung ein Termin nicht zu bekommen sei. Die große Zahl der vergleichsweise abgeschlossenen Verfahren sage nichts darüber aus, wie der Planfeststellungsbeschluß unter Rechtmäßigkeitsgesichtspunkten zu beurteilen sei. Dies ergebe sich daraus, daß der Inhalt des Vergleiches Regelungen treffen könne, die unabhängig von der Rechtmäßigkeit des Planfeststellungsbeschlusses sein könnten. Der Abschluß eines Vergleiches könne daher kein Indiz für einen effektiven Rechtsschutz darstellen. Er befürchte, daß mit der Flughafen-Frankfurt-Entscheidung eine Grenze überschritten werde. Wenn die vom Bundesverfassungsgericht zur Überprüfung von gesetzgeberischen Prognoseentscheidungen angewandten Grundsätze durch das Bundesverwaltungsgericht auf den Bereich einer Verwaltungsentscheidung übertragen würden, sei der effektive Rechtsschutz gefährdet. Die Beschränkung des Rechtsschutzes auf einen Planergänzungsanspruch bei größeren Vorhaben beinhalte eine Wertung, die im Grunde dem Gesetzgeber überlassen bleiben müsse. Zur Forcierung des verwaltungsgerichtlichen Rechtsschutzes müßten auch Möglichkeiten ins Auge gefaßt werden, die unabhängig von gesetzlichen Änderungen durchgesetzt werden könnten. Regierungsrat *Güttler* wies in diesem Zusammenhang auch auf die Verzögerung hin, die durch den langen Zeitraum zwischen Klageerhebung und der Anberaumung eines ersten Termins eintritt. Er halte es für sinnvoll dem Beispiel des Verwaltungsgerichts Kassel nachzuahmen, wo nach Eingang der Klage unter Vorlage der Verwaltungsakten sofort ein Termin zur mündlichen Verhandlung oder zur Beweisaufnahme anberaumt werde. Damit könne verhindert werden, daß zunächst ein umfangreicher Schriftwechsel über das Gericht hereinbreche.

Ministerialrat Dr. *Fickert* schlug vor, der vorbeugenden Unterlassungsklage mehr Aufmerksamkeit zu widmen. Damit könnten die Verfahren beschleunigt werden. Es sei zu begrüßen, daß bei den Verfahren nach § 80 Abs. 5 der VwGO die Verwaltungsgerichte in den offensichtlichen Fällen dazu übergehen, praktisch die Hauptsacheentscheidung vorzuziehen. Die vom Referenten aufgrund der empirischen Untersuchung festgestellte Häufigkeit der Beendigung der Verfahren durch Vergleich müsse in diesem Zusammenhang gesehen werden. Wenn die Verwaltungsgerichte zu erkennen gäben, in welcher Richtung die Entscheidung wohl liegen werde, so kämen die Betroffenen auf die Behörde zu und versuchten, im Verhandlungswege Zugeständnisse zu erreichen. Habe die Behörde sorgfältige Planungsarbeit geleistet, so könne die sofortige Vollziehung eine Beschleunigung der Verfahren unter Beachtung der Effizienz des Rechtsschutzes der Betroffenen herbeiführen.

Prof. Dr. *Bartlsperger* hielt die Überlegung des Referenten für bedenkenswert, im Planfeststellungsverfahren reiche die Zeit nicht aus, um die Kläger ausreichend anzusprechen und auch von ihrer psychologischen Einstellung her vergleichsbereit zu stimmen. Mangels eigener Erfahrung könne er sich nicht dazu äußern, ob das Widerspruchsverfahren eingeführt werden solle. Die Überlegung deute aber darauf hin, daß die praktische Ausgestaltung des Verwaltungsverfahrensrechts der Planfeststellung im gegenwärtigen Zustand noch nicht befriedigend sei. Offenbar könne man erst im Prozeß die Kläger richtig ansprechen und ihnen ausreichende Sachinformationen geben.

Ministerialrat Dr. *Fickert* versprach sich von einer Einführung des Vorverfahrens nichts. Durch das Verwaltungsverfahrensgesetz und das zweite Fernstraßenänderungsgesetz sei das Anhörungsverfahren derart ausgestaltet worden, daß es zu einem ausgesprochen förmlichen Verfahren geworden sei. Allen Bemühungen um Begründung zum Trotz werde bei fast jedem Planfeststellungsbeschluß geklagt. Wer unbedingt klagen wolle, lasse sich auch von einem Vorverfahren nicht davon abbringen. Die Opponenten wollten von einer Instanz außerhalb der Verwaltung gesagt bekommen, was rechtens sei.

3. Den Ausführungen des Referenten zur Interessentenklage stimmte Prof. Dr. *Bartlsperger* zu. Es müsse als ausgesprochen unglücklich angesehen werden, daß das Verfahrensrecht über den Begriff des Betroffenen hinausgegangen und ein sogenanntes Einwendungsrecht für Jedermann begründet habe. In manchen Fachplanungsgesetzen werde nicht einmal auf die individuellen Belange Bezug genommen. Damit finde eine Art Öffentlichkeitsbeteiligung im Verwaltungsverfahren statt. Das politische System einer Öffentlichkeitsbeteiligung werde mit dem Rechtssystem der Rechtswahrung der betroffenen Belange vermengt. Die Geltendmachung der Belange der individuell Betroffenen

werde beeinträchtigt. Diese sähen keine Möglichkeit, im Verwaltungsverfahren ihre Rechte geltend zu machen. Von daher entstehe eigentlich erst der Druck auf die Verwaltungsgerichtsbarkeit.

Ministerialrat Dr. *Fickert* wollte diese Bedenken *Bartlspergers* nicht hinnehmen. Er wies auf die Bedeutung der Öffentlichkeitsbeteiligung für die Planfeststellungsbehörde hin. Diese erhalte dadurch ein möglichst breites Spektrum aller Überlegungen, um sorgfältig entscheiden zu können.

4. Prof. Dr. *Bartlsperger* trat der restriktiven Auslegung der gemeindlichen Klagebefugnis durch den Referenten entgegen. Die Klagebefugnis werde nach der rechtsatzmäßig festgestellten Rechtszuständigkeit der Gemeinde bestimmt. Die Rechtsprechung habe dies dadurch ausgedrückt, daß eine konkrete Betroffenheit der Gemeinde in ihren Planungskompetenzen und ihren Planungsvorstellungen vorliegen müsse. Unberücksichtigt bleibe, daß die Gemeinde, wenn sie um das vermeintliche Interesse ihrer Bürger besorgt sei und auch klagen wollte, sich nicht um eine Prozeßstandschaft für ihre Bürger bemühe. Eine Gemeinde sei nicht nur juristisch als eine Summe von einzelnen Zuständigkeiten zu begreifen. Sie müsse vielmehr als echter Personalverband mit einer soziologischen Struktur angesehen werden. Die Gemeinde sei etwas wirklich ursprüngliches, wie es in manchen Gemeindeordnungen ausgeführt sei. Wie im einzelnen rechtlich abzugrenzen sei, lasse er hier offen.

Zum kompensatorischen Rechtsschutz wies Prof. Dr. *Blümel* darauf hin, daß dies letztlich vom Bundesverfassungsgericht entschieden werden müsse. Dort sei eine Verfassungsbeschwerde der Stadt Memmingen anhängig. Die Stadt Memmingen werde durch das Überfliegen von Militärflugzeugen erheblich beeinträchtigt. Hier müsse das Bundesverfassungsgericht wohl Farbe bekennen, wie weit das Selbstverwaltungsrecht der Gemeinden reichen solle und ob die Gemeinden selber klagen könnten oder der einzelne Bürger klagen müsse.

5. Im Schlußwort ging der Referent zunächst auf die Beiträge zu der von ihm vorgenommenen empirischen Untersuchung ein. Er räumte ein, daß aus dieser Untersuchung keine endgültigen und zwingenden Schlüsse gezogen werden könnten. Es sei ihm lediglich darum gegangen, aufzuzeigen, daß rechtstheoretisch sehr vieles behauptet werden könne, daß aber der Theorie zunächst im Vorfeld Grundlagen erarbeitet werden müßten, ehe ein Denkmodell an das andere gereiht werde.

Die Auffassung von der strikt einzuhaltenden Einheit des Planfeststellungsbeschlusses könne er nicht teilen. Wenn es beispielsweise lediglich darum gehe, eine Lärmschutzanlage zu erzwingen, deren Ausführung und Standort praktisch vorgezeichnet sei, müsse es als wenig sinnvoll angesehen werden, die Anfechtungsklage zu gewähren und damit unter Umständen das ganze Vorhaben zu stoppen. In einem derartigen Fall sei der Weg zur Verpflichtungsklage geradezu vorgezeichnet. Allein darauf komme es an und aus diesem Blickwinkel müsse das Bundesverwaltungsgericht interpretiert werden. Auflagen seien im Verwaltungsrecht etwas selbständiges und das könne im Planfeststellungsbereich nicht anders sein. Die Konzentrations- und Bündelungswirkung des Planfeststellungsbeschlusses mache aus dem ganzen Komplex keinen untrennbaren Eintopf. Beim vorbeugenden Rechtsschutz warne er von dem Bestreben, diese Verfahren sozusagen zum Surrogat des Hauptverfahrens zu machen. Bezüglich des Widerspruchsverfahrens müsse untersucht werden, ob damit nicht doch eine Filterwirkung verbunden sei. Bei der Klagebefugnis der Gemeinden sei er der Auffassung, es könne nicht richtig sein, es zu einem gegenseitigen Kampf aller gegen alle kommen zu lassen. Er sei dagegen, den Gemeinden ein Aufsichtsrecht über den Staat in Form der Klage zu gewähren.

Prof. Dr. *Blümel* schloß die Diskussion und zugleich die Tagung mit Worten des Dankes an die Referenten, die Teilnehmer und alle jene, die durch ihre Mitarbeit zum Gelingen der Tagung beigetragen hatten.

Kolibri 360 GmbH
Ferdinand-Jühlke-Straße 7
99095 Erfurt, Deutschland
produktsicherheit@kolibri360.de

Druck:
CPI Druckdienstleistungen GmbH
im Auftrag der
Kolibri 360 GmbH
Ferdinand-Jühlke-Str. 7
99095 Erfurt